EVANGELICE CON DRAMAS

LIBRO 2

E. A. MONTOYA

 NYC Harvest Publishers

Evangelice con Dramas

Libro 2

Copyright © 2014 por E.A. Montoya
Todos los derechos reservados.
Derechos internacionales reservados.

ISBN: 978-0-9889010-25

Las citas bíblicas de esta publicación han sido tomadas de la Reina-Valera 1960^{TM} © Sociedades Bíblicas en América Latina, 1960. Derechos renovados 1988, Sociedades Bíblicas Unidas. Utilizado con permiso.

Ninguna parte de este libro puede ser reproducida en ninguna forma por medios mecánicos o electrónicos, incluyendo almacenaje de información y sistemas de reproducción sin permiso previo por escrito del autor.

Diseño de cubierta y formato: Iuliana Sagaidak (Montoya)
Editorial: NYC Harvest Publishers

CATEGORIA:
Religión / Ministerio Cristiano / Evangelismo

IMPRESO EN ESTADOS UNIDOS DE AMERICA
PRINTED IN THE UNITED STATES OF AMERICA

ÍNDICE

Celda 38 9
El Propósito Eterno. 41
El Ruido del Último Suspiro 76
El Caudillo. 105

Nota Introductoria

Los dramas escritos en este libro son una colección compilada durante muchos años de intenso trabajo y dedicación a la tarea dramaturga. Ellos ahora se comparten a la iglesia en el mundo hispano para su edificación y crecimiento; y tienen la intención de la evangelización en primer lugar, y la participación de los creyentes en segundo. La presentación de estas obras teatrales completas requiere preparación en varios aspectos, pero no requiere actores profesionales, aunque todo talento para la actuación, será, desde luego, bien apreciado. Es necesario, que cada una de estas obras se presente en un día especial en donde el drama ocupe toda la atracción. Otra recomendación importante es esmerarse en la preparación musical y efectos especiales de la obra.

Se permite la adaptación de estas obras, si fuese necesario, al entorno en que sean presentadas; tanto en los diálogos, los personajes y aún en la historia argumental misma, sin olvidar mencionar el nombre del autor y el nombre de quién realizó la adaptación.

Mi oración es que la gracia de Dios y la unción del Espíritu Santo, permitan que los objetivos de estos esfuerzos sean alcanzados para la gloria de nuestro amado Señor Jesucristo, a quien adoramos y servimos con todas nuestras fuerzas.

E.A. Montoya

Autor.

Descripción Breve

Celda 38: Un hombre fue reducido por su enemigo a ser un mendigo cojo; y su prometida, madre y hermana tuvieron que estar injustamente en la carcel por 38 años. La tragedia ocurrió precisamente el día que Jesús nació. (Duración aproximada 1 hora 30 minutos).

El Propósito Eterno: La historia transcurre con la vida hipotética de María, lo especial que sería ella y los obstáculos que tendría que haber enfrentado para convertirse en la madre del Salvador. (Duracción aproximada 1 hora 30 minutos).

El Ruido del Último Suspiro: Este es un drama de misiones que trata de un siervo de Dios que fue torturado por la causa del Señor en Indonesia. La historia de este drama está basada en hechos de la vida real y concientiza sobre la condición espiritual de la Iglesia en otros lugares del mundo. (Duración aproximada 1 hora 30 minutos)

El Caudillo: La historia trata de un hombre que, debido a un juramento hecho a su padre, persiguió durante toda su vida ser caudillo del Mesías. (Duración aproximada 1 hora 30 minutos).

Agradecimientos

Mis más sinceros agradecimientos a todos los que de una forma u otra cooperaron en la realización y final publicación de esta obra literaria. Algunos de los primeros dramas estuvieron perdidos y fueron recuperados —casi milagrosamente— debido a la diligencia de mis hermanas Miriam y Keren, quienes los preservaron. Ésta fue otra de las buenas obras en memoria de mi hermana Miriam, quien además fue una actriz inigualable. Mi esposa Iuliana transcribió a un procesador de texto varios de los manuscritos originales que fueron rescatados. Ella invirtió, sin ser el español su lengua materna, literalmente cientos de horas en todos los pormenores en relación a la preparación del texto master, luego del formateo, diseño de los interiores y finalmente, de la portada.

Quiero agradecer a los cientos de actores que han sido parte de los proyectos de presentación de estas obras de teatro. Ellos han dado vida a los personajes y sus esfuerzos por favorecer la obra de Dios están escritos en los cielos. Hago mencion especial a las Iglesias Getsemaní de Garza González y Peniel de Santa Catarina, ambas en Mexico, por su valiosa colaboración. Pues para muchos de ellos, no se ha tratado tan sólo de una diversión, sino, como es realmente, un ministerio apreciado por el Salvador. Sólo en la eternidad sabremos lo que todos sus esfuerzos han significado.

E.A. Montoya

Autor.

CELDA 38

PERSONAJES

Judá, el padre de Ben.

Ana, la madre de Ben.

Ben, el personaje principal.

Meribá, su hermana.

Soldado 1.

Soldado 2.

Centurión Romano.

Teduas, uno que se hizo llamar el Mesías.

Fines, un compañero de milicia de Ben.

Mujer 1, una cómplice de Teduas.

Profetiza.

Mujer 2, una judía entre la multitud curiosa.

Judas el galileo, otro que se hizo llamar el Mesías.

Pastor, un testigo del nacimiento de Cristo.

Zacarías, el padre de Juan el Bautista.

Ángel.

Cleofas, un seguidor de Cristo.

Escena I – Promesas y Profecías

Escenario: *un área al aire libre en donde hay un pozo o cisterna. Todo debe estar a tono a los tiempos de Cristo.*

La escena inicia con Jasán molestando a Laetia. Pasan unos segundos cuando Mel entra con una jaula y una paloma dentro; pero al darse cuenta de lo que sucede, inmediatamente deja lo que trae y defiende a su amiga, veamos.

Mel: ¡Déjala!

Jasán: ¡Ya verás papanatas! *(lo dice ardido en coraje).*

Mel: Te voy a matar, Jasán, cuídate las espaldas porque ya la traigo conmigo. *(Le contesta igual, violentamente).*

Jasán: ¡Claro, las espaldas! Pues esa es la única forma que pudieras hacerme algún daño, pues eres un cobarde. Enfréntate de frente como los verdaderos hombres.

Mel: ¡Como te atreves! *(Hace más violencia para irse en contra del otro muchacho).*

Jasán: Ándale, vente, bravucón. Pues si como hablaras supieras defenderte, ya lo sabrá tu familia y te dará otra tunda *(ríe frenéticamente).*

Mel: ¡Cállate, infeliz, al menos yo tuve mamá porque lo que es tú, no sabemos de donde viniste!

Jasán: ¡Miserable! vuelves a mencionar eso y te rompo la cara.

Mel: ¡Inténtalo! ¡Inténtalo!

En eso llega una persona mayor y los separa.

Rut: ¡Que pasa aquí, niños! Pero que se han propuesto. Y tú, Mel, tantas veces que te hemos dicho que no te metas con Jasán. ¡Llegará un día que van a provocar algo irremediable!

Te aseguro que esto no se volverá a repetir, porque lo que es a ti Mel, ya sabes lo que te espera por haberme desobedecido.

Jasán: Ja, ja, ja *(ríe frenéticamente),* lo sabía, lo sabía... pero me las vas a pagar de todos modos, Mel... tú no conoces lo que soy capaz de hacer.

Mel: Si la vuelves a tocar, ¡te mato!

Jasán: Ja, ja, ja *(ríe frenéticamente),* ¡ya veremos quien mata a quien! Mequetrefe.

En ese sale a escenario riendo a carcajadas y lanzando amenazas.

Rut: ¡Basta ya! Encamínate a la casa, Mel. Ahora nos esperan.

Laetia: No lo regañe, le aseguro que este pleito fue por culpa mía.

Rut: ¿Por culpa tuya?

Laetia: Sí, yo estaba sacando agua del pozo como acostumbro, pero vino este patán a decirme majaderías. Mel sólo hizo lo que tenía que hacer un verdadero hombre en este caso, él me defendió de Jasán.

Rut: ¿Eso hizo?

Laetia: Sí, lo hizo por mí, para salvar mi dignidad porque te aseguro que su sierva estaba en peligro.

Rut: Bueno, si eso es cierto ya las cosas son diferentes.

Laetia: Todo ha sido un gesto heroico. ¡Es un gran chico! ¡Merece que le traten como a todo un gran caballero!

Mel: Bueno, en realidad no fue nada, yo sólo quería que este animal no la molestará más.

Laetia: Me gustaría agradecerte personalmente lo que has hecho por mí.

Mel: Sólo lo hice porque estaba seguro de que esa persona traía malas intenciones.

Laetia: Lo sé.

Mel: Además quiero decirte algo.

Laetia: ¿Qué? Dime.

Mel: Desde hace mucho tiempo que me gustas mucho. Sé que somos jóvenes aún pero a mí me gustaría que te comprometieras conmigo en matrimonio.

Laetia: ¿Cómo? ¿Eso qué quiere decir?

Mel: Sí, quiero decirte que quiero que te cases conmigo, que preparemos las cosas para casarnos.

Laetia: *(apenas si puede evitar la emoción)* pero Mel, si aún somos demasiado jóvenes, nuestros padres no estarán de acuerdo, porque aunque en nuestra tradición las parejas se casan jóvenes, creo que esto es demasiado.

Mel: Lo sé, no quiero decir con esto que nos casaremos inmediatamente. Esperaremos algunos años antes de que eso pase, pero quiero que estemos comprometidos de palabra.

Laetia: ¿Mientras tanto que haremos?

Mel: Seremos amigos, seremos muy felices así. Mira, construiré para ti una casa bonita. Como sabes que me gusta mucho el trabajo, ganaré suficiente dinero para que no te falte nada.

Laetia: Sé que eres un chico muy bueno para los negocios y muy trabajador.

Mel: Quiero tener un negocio de tiendas y venta de pieles. Hay unas pieles muy buenas que las traen de la India. Las compro muy baratas y las vendo al triple. Ya sé que soy tan sólo un muchacho, pero ya me van dejando de dos o tres prendas para que las venda. Si conoces a Lea, ¿verdad?

Laetia: Sí, es una mujer de gran riqueza y muy buena.

Mel: Ayer empecé a trabajar con ella y estoy seguro que hay muchas oportunidades. ¡Mira! *(Saca un collar que tenía escondido)*. Esto será la prenda en señal de que están unidos nuestros corazones.

Laetia: Pero ¿qué es esto? ¡Oh, Dios mío! ¡Que hermoso es! ¡Gracias, Mel! *(le da un abrazo corto)* ¡me gusta mucho, que hermoso es! Dios es bueno con nosotros, tengo mucho optimismo de que todo saldrá bien. Tú eres el amor de mi vida y en unos cuantos años más estaremos juntos para siempre.

Mel: ¡Así será! Mira ¿qué hay allá? *(hace que volteé y trae la jaula que dejo en una esquina)*.

Laetia: ¡Qué bonita!

Mel: ¡Es para ti! Esta paloma es el símbolo de nuestra paz.

Laetia: La paz entre nosotros, la paz del Señor en el corazón.

Mel: La profecía dice que llegará un niño que nos traerá paz a todos los judíos. Que será llamando: "Príncipe de paz". Esta paz será duradera. Una paz en los corazones de los que le conozcan. ¿Tú crees esto?

Laetia: Sí, el Príncipe que nos traerá amor.

Mel: O guerra.

Laetia: ¡Sí, Pleitista! *(Bromea con él)*. Por eso te peleaste con Jasán…ja, ja, ja.

Simeón: el temor de Dios está fuera de los corazones, ya no hay quien crea en él. Se han extinguido sus valientes. Su gente de ha…

Mel: No todos han muerto, porque nosotros hemos creído en el Salvador del mundo… el Mesías que vendrá, que traerá luz y esperanza. ¿Tú quién eres?

Simeón: Yo soy Simeón, centinela de la esperanza de Israel. Mis ojos han de mirar al Mesías antes de que muerta. Porque mis ojos apenas si pueden ver y mis huesos se han encorvado. Estoy próximo a partir. Cansado estoy de esperar día con día. Esta es mi fe.

Mel: Tú verás con tus ojos lo que tu alma anhela.

Simeón: *(le atrae hacia sí, le abraza)* Hijo, ven, tú eres tan sólo un muchacho. Una daga traspasará tu corazón y si ese niño es tu salvación, ¿por qué no crees en Él?

Mel: ¿Qué? ¿De qué niño hablas? No entiendo de qué estás hablando.

Simeón: Lo que no entiendes hoy lo comprenderás después.

Laetia: Tampoco yo comprendo tus palabras, ¿qué tiene que ver un bebé con el gran Rey que será el Mesías?

Simeón: Los caminos del Señor son profundos. Investígalo en los profetas y en los salmos y lo verás… ay, siento que me muero *(se duele y se cae como muerto, pero luego se levanta)*… no moriré aún, la muere no puede someterme porque yo veré al Mesías. Yo contemplaré su rostro con estos ojos.

Mel: Pero estás muy enfermo, no sabes ¿cuánto tiempo más tardará en venir?

Simeón: Aún si tardara mil años yo le veré con estos ojos antes de partir, porque esta es mi fe y la esperanza que he recibido.

Mel: Creo que esto es más allá de lo que pueda entender… *(A Laetia:)* Este hombre no está bien, necesita atención… ¿Dónde vives?

Simeón: Vivo sólo de las limosnas que me da el pueblo, con eso subsisto. Ustedes son ricos y yo soy pobre. No soy digno de nada porque fui un asesino en mi juventud. Un verdadero fugitivo. Hui de mis perseguidores, no encontré refugio en ningún lugar. Maté sólo por placer, por arrebatar el alma a un semejante, por gozar de los placeres de esta vida, por apartarme de Dios que me dio el ser. Yo como tú, un día tuve grandes ambiciones, pero el pecado me atrapó y fui a dar con los chacales, con los de más baja condición, por causa de mi gran mal. Trabajé como esclavo en Roma y luego me escape y remé en las galeras. Sobreviví a un naufragio en alta mar y escapé a una isla cerca de Creta. Fui por mil lugares huyendo y persiguiendo, robando y pasando de un mal a otro hasta que algo sorprendente ocurrió.

Laetia: ¿Qué fue lo que ocurrió?

Simeón: Fui a dar a un calabozo oscuro en donde las ratas mordían mis carnes y la lepra se apoderó de mi piel. Sentía morir en aquel lugar. No creía en Dios ni en hombre, de todos desconfiaba, de todos esperaba lo peor. Pero una luz resplandeció en mi cárcel. Un ángel apareció en mi aflicción. Cuando hube clamado a Dios por muchos días, luz visitó mi terrible condición. Él me dijo: No llores más Simeón, no morirás porque te he reservado para ser un gran ejemplo de fe, para que sepa el mundo que antes de todo es por la fe y por la fe nacerá el Mesías. Nacerá tan humilde como ninguno. Nacerá como nadie lo espera, como nadie lo reconoce. Pero vendrá para ser lleno del poder de Dios, pues el principado está sobre su hombro y su trono será confirmado en justicia y paz.

Me tengo que ir, pero recuerda algo: que no tengas temor a esperar los años que sean necesarios porque al final tú serás galardonado con gran consolación. Aunque tu destreza sea perdida y seas llevado como yo a las bajezas, recuerda que hoy hay en ti una esperanza que con nada será extinguida. Aunque parezca desfallecer, la luz que en mi ha resplandecido, resplandecerá en ti. *(Empieza a danzar, a alegrarse y a cantar)*. El Mesías viene, yo lo siento ya, nacido de una virgen, Dios con nosotros... vuelve nuestra salvación, humilde como yo y rico como el Creador... loco de amor, fascinado con las almas que le buscan ... gloria y corona de nuestra fe... *(Simeón se retira)*.

Mel: Ese hombre está loco. En realidad no entendí nada de lo que nos dijo, ¿tú entendiste?

Laetia: Yo menos. Pero creo que ese hombre es un profeta del Dios vivo.

Escena II – La Tragedia

Escenario: el escenario consiste en un sitio donde se comercia con pieles y alfombras.

Mel: Esta alfombra fue traída de Persia mi amiga, y de entre las alfombras, una de las más finas. Sus materiales son traídos de la India, de las montañas frías. Ahí, hombres valerosos han subido y los han traído a las manos artísticas de artesanos; que con cuidado, han manufacturado sólo algunas... como esta alfombra de colores brillantes y figuras originales. ¡Sienta su suavidad, mi amiga! ¡Es de lo mejor!

Compradora: *(la ve, ve que no tenga defectos... y saca el dinero)* realmente es muy buena y su precio justo. La llevaré.

Le entrega el dinero y se va.

Lea: Mel, creo que eres uno de los mejores vendedores que jamás haya tenido, estoy seguro que llegarás muy lejos.

Mel: Gracias, estoy apenado por su gentileza.

Lea: Es mucho menos de lo que mereces. Realmente estoy convencida de que hice una muy buena elección al contratarte para mi negocio. Mira, de hecho quiero que tengas tu propio negocio. Yo soy ya vieja y mis hijos no necesitan de nada. Yo quiero ayudarte a ti. El mes pasado te di 3 pieles para que las vendieras por tu cuenta y este mes quiero que lleves cinco. Ya verás que te convertirás en el vendedor más hábil y astuto del mundo. Será entonces cuando comerciarás con los mercaderes de los más altos niveles. De Tiro y de Sidón, de Corinto y de Roma.

Mel: Gracias por todo el bien que me ha hecho. Dios será quien pague su generosidad hacia mí. Pero hay algo que me inquieta en gran manera.

Lea: ¿Que es, hijo?

Mel: Se trata de un hombre viejo que vino a mi cuando estaba con Laetia. Él me dijo cosas muy extrañas acerca de mi futuro. Nada parecido a lo que tú me dices. Más bien se trata de un sendero oscuro por el que deberé caminar antes de mi exaltación.

Lea: No sabemos lo que Jehová traiga a nosotros. Nuestro pueblo fue llevado cautivo y hasta ahora está subyugado. Pero en cuanto a ti, lo único que veo es un gran muchacho. Un hombre que tendrá gran prosperidad... no te preocupes tanto por las palabras de ese hombre... mira, toma las pieles que te prometí. Véndelas y toma lo que es tuyo. Tú serás el hombre más próspero de toda Jerusalén.

Entra Jasán.

Jasán: Aquí estabas, ¡cerdo despreciable!

Mel: Creo que contigo ya quedaron aclaradas las cosas, ¿no es así?

Jasán: ¿Qué cosas? De que estás hablando ¡tú me la debes!

Lea: No guardes cosas en tu corazón, muchacho, porque eso te traerá la muerte. No odies porque eso te matará repentinamente.

Jasán: El que ha de morir es otro.

Mel: ¡Basta ya! ¡Que es lo que quieres!

Jasán: Quiero tu cabeza, Mel.

Mel: No digas tonterías. ¿Qué te has propuesto hacer? Llevas demasiado lejos tu enfado.

Jasán: ¿Quién te dice a ti lo que es lejos o cerca conmigo? patraña. Me has ofendido hasta el alma, pues crees que soy perro para aguantar tus menosprecios.

Mel: De qué es de lo que hablas... ya eso debería estar olvidado. Pero si quieres que te pida perdón lo haré, no quiero tener ya desavenencias contigo ni con nadie. Quiero llevar una vida de paz.

Lea: Vete a la calle muchacho endemoniado… vamos… ¡Vete!

Jasán: ¡Miserables! Pues si me voy, pero no sin antes descargar mi gran furia por este hombre, porque ¡no merece vivir! *(En eso saca una daga).*

Lea: ¿Qué es lo que haces? Que te has propuesto insensato. Pues ¿qué ganas con eso? ¿Ser el más despreciado enemigo de todo Israel?

Jasán: ¡Pues aunque me envíen al quinto infierno, primero mando a éste al otro mundo!

Lucha con Mel y le vence, le da una estocada en el estómago… al dejarlo herido huye.

Lea: ¿Qué has hecho? Mel, no te mueras, aguanta un poco *(empieza a sacar líquidos y gasas y a tratar de curar a Mel).*

Entra amiga de Mel.

Milea: Mel, Mel, ya supe que te vas a casar… *(luego cambia su rostro a desesperación).* ¿Qué es lo que pasa? Que sucede… Mel, ¿qué te han hecho?

Lea: Acaba de estar aquí Jasán, este lo hirió gravemente y huyó…

Milea: ¡Miserable! ¡Cómo fue capaz de hacer semejante cosa! ¡Maldito!

Lea: Afortunadamente he estudiado medicina desde muy joven y sé cómo tratar estos casos… aunque no sé si pueda sobrevivir. Algo puedo hacer por él… ayúdame Milea… tráeme esas tijeras pequeñas que están en el primer cajón… tráeme también ese hilo que está en el segundo, creo que hay una aguja ahí también. Necesitaré algo con qué calentar. Por favor ve a la cocina y calienta este cuchillo por favor, hazlo rápido.

Milea va y vuelve rápido.

Milea: *(entregándole el cuchillo)* ¿Esto servirá?

Lea: Yo pienso que sí. Haber, tráeme también ese líquido que está en ese estante *(lo señala... y continúa trabajando con él)* en las conquistas de los Romanos salvé la vida a muchos que caían heridos en batalla... tengamos confianza...

Milea: No, que no se muera... sálvalo Lea... *(Al ver que Mel grita del dolor, ella también llora... de pronto se desmaya, pero ella cree que ha muerto).* ¡No! ¡Ya se ha ido!

Lea: *(checa su corazón y respiración)* No, no se ha ido todavía... sólo está desmayado, así es mejor porque de otra manera estaría sufriendo más... tenemos que confiar... puede salvarse, si Jehová quiere que viva vivirá y yo haré mi máximo esfuerzo.

Milea: Gracias a Dios que sabes de estas cosas... de otra manera no tendría esperanza de vivir. ¡Pobre muchacho!

Lea: *(durante todo este tiempo está moviendo las manos a manera de operación utilizando los instrumentos que Melia le trajo)* Muy bien, esto es todo lo que yo puedo hacer por él, el resto pertenece a Dios, sólo un milagro puede darle vida a este muchacho...

Milea: Oh, Señor Jehová que viva, si hay forma en que su vida pueda salvarse... te lo suplico *(mientras dice esto llora en gran manera).*

Escena III – Más Maldad Contra Mel

La escena se desarrolla adentro de la casa de Mel.

Madre: Todavía me acuerdo de esa miserable. ¿Cómo pudo ser capaz? *(Lo dice con rabia).*

Rut: Ya deja ese asunto, madre. Ya hace 5 años de ese suceso y lo importante es que Mel está con nosotros aún, recuerda que estuvo a punto de morir, pero Dios lo sostuvo con su mano poderosa.

Madre: Pero hijas, no puedo soportar esto. Tu padre ha muerto y ahora nosotras hemos quedado sólo con Mel para nuestro sustento. ¡Ya no sé qué hacer!

Madre: Posiblemente tú estás bien en lo que dices, Rut. Pero yo tengo una rabia contra ese mal nacido que no se me quita del pecho. Parece que nada cambiará ese sentimiento.

Rut: Pon tus cargas en Dios, madre.

Madre: Y luego, ¿ya sabes lo que ha pasado?

Rut: ¿Qué?

Madre: Esto será terrible para Mel. Esto será el tiro de gracia para mi pobre hijo *(llora)*.

Rut: ¿De qué se trata? Dime. Pues ¿qué puede ser tan grave?

Madre: ¡Es que no traje a Mel los mangos que me encargó!

Rut, y su madre ríen.

Rut: ¡Que tragedia! Mira aquí hay un mango *(lo abre y mancha la cara de su madre)*, perdón, ay, te manché. Lo siento tanto, *(su madre hace lo mismo con ella).*

Madre: ¡Hay como me mortifican estos hijos! Cuando estaban chiquitos, porque estaban chiquitos; y luego ya que estuvieron grandes me siguen mortificando *(esto lo dice riéndose, lo dice en broma).*

Rut: Madre, vamos de compras, ¿qué te parece?

Madre: ¿De compras? Estás mal de la cabeza, niña loca. Pues ¿con que dinero?

Orta: Pues gane esto lavando la ropa de una señora rica que me contrató. Ella fue tan buena que me pagó el doble de lo normal.

Rut: ¡Dinero! *(Lo mira bien)* ¡No había visto dinero desde hace mucho tiempo! ¿Cómo huele? *(Lo huele)* ja, ja, ja.

Entra Laetia.

Laetia: Muchachas, ¿saben lo que ha ocurrido en Belén?

Madre: ¿Qué, hay ofertas en Belén?

Laetia: No, mujeres de Dios, ¡ha ocurrido el acontecimiento más maravilloso de todos! Miren déjenme contarles…

Todas: ¡Cuenta! ¡Cuenta!

Laetia: Antes de que Mel fuera atacado, nosotros conocimos a un hombre muy anciano. Él venía como orando por la calle y nos dijo que Dios le había dicho que él vería al Mesías cuando viniera a estar con nosotros. Lo raro de todo esto es que ese hombre hablaba de un bebé y nosotros no fuimos capaces de entender de qué nos estaba hablando. Pero hoy estuve allí.

Todas: ¿Dónde estuviste?

Laetia: Le vi, amigas mías, le vi. Su rostro es como el rostro de un ángel. Como el más bello de los ángeles de Dios. Le vi envuelto en pañales, le vi acostadito en su cunita. Le cargué y adoré. Ese niño es el Salvador del mundo. El deseado, el esperado por todos los que creíamos en su venida.

Madre: Pero, ¿cómo diste con él. ¿Cómo supiste del niño?

Laetia: ¿Ustedes recuerdan a María?

Rut: Claro, María. Esa muchacha siempre fue una mujer muy buena. Ahí se escuchaban rumores terribles acerca del ella, pero yo nunca los creí.

Laetia: Muchachas, el niño que ha dado a luz María, ¡Él es el Mesías!

Todas: ¡Pero cómo!

Laetia: Sí, ya he platicado con Mel y ¡también él se alegró mucho! Si vieran ustedes cómo se alegró. ¡Parece como si nueva sangre empezara a correr por sus venas! Yo vi cómo su ser entero se conmovió a causa de la noticia. Primero les fue dado aviso a los pastores. Un ángel apareció a ellos, y escucharon de él las buenas noticias. Yo hablé personalmente con los ellos, y me contaron con lágrimas lo que había ocurrido, y cómo Dios les hubo dado el privilegio de ser ellos los primeros en saber tan grande noticia.

Madre: Pero dinos, como te diste cuenta, ¡no nos has dicho!

Laetia: Ah, ¡sí! Pues con la emoción, ya hasta se me había olvidado. Pues cuando estaba en mis labores del día escuché que un hombre venía gritando por la calle. Y yo salí para ver qué alboroto sería aquel. Cuando salí, vi al mismo hombre que vimos 5 años atrás, Mel y yo. Era increíble. Ese anciano, con tantos años ya sobre sí, saltando y brincando por la calle. Decía: ¡Dios cumplió! ¡Dios cumplió! ¡El mesías ha nacido! ¡Y yo lo he visto por fin, ahora si puedo morir en paz! Cuando le vi, yo también fui corriendo a donde él estaba, entonces él me besó y me dijo: ¡hija, no puedo detener mi gozo ahora! ¡Cristo Jesús ha nacido! ¡Él es el Salvador del mundo! Y yo dijo: Pero ¿cómo? ¿Y dónde está? Y me dijo: Ve a Belén de Judea, al Mesón "El David" y ahí se encuentra. ¡Ve rápido! ¡Ve corriendo, porque es tan grande lo que ha sucedido! Muchachas yo fui y hablé a sus padres, luego pasé a donde estaba… que bebé más encantador. Que hermosura divina. ¡Su rostro irradiaba el más fino esplendor!

Todas: ¡Uauh! ¡Eso es formidable!

Madre: ¡Yo iré a donde él está ahora mismo!

Rut: Yo te acompaño madre mía… ¡vamos juntas!

Entran Jasán y los soldados.

Jasán: ¡Ellas son! ¡Ellas son los que robaron el dinero de los impuestos! *(toma el dinero que está en la mesa)* ¡Aquí está la prueba! ¡Y son piezas de oro! ¡Huelan ustedes!

Soldado 1: Sí, es verdad, es dinero de alta denominación, es el que se nos perdió. Sí, estas son... ¡ustedes no saben lo grave que este delito!

Madre: ¡Rut!

Rut: Madre, ¡te juro que soy inocente! Este dinero lo gané. Quizá quien me lo dio fue quien lo robó.

Jasán: ¡Ellas son las culpables, yo vi que se pusieron de acuerdo para robar este dinero! ¡Ellas son culpables!

Rut: ¡Tú otra vez miserable, no te conformaste con todo el mal que nos has hecho! ¡Eres un canalla! ¡Poco hombre, no sirves para nada! Cobarde, ¡hijo del diablo! *(escupe en tierra, muerta de rabia).*

Jasán: *(echa a reír)* Ja, ja, ja pues pagarán sus robos en la cárcel, porque también me han robado a mí mismo y esto no se puede tolerar más. Y lo peor de todo es por vengarse de un asunto personal.

Soldado 1: A nosotros no nos importan sus líos. Ellas han robado al Cesar y eso es muy grave. Pagarán en la cárcel.

Jasán: Ja, ja, ja, pasarán sus últimos días en la cárcel...

Los soldados se llevan a la fuerza a las mujeres.

Soldado 2: ¡No queremos ser rudos con ustedes, andando!

Todas: *(ellas hacen toda clase de reclamos y dicen palabras como:)* ¡Esto es injusto, nosotros somos inocentes, esto es un error, esto es una calumnia! *(llorando y gritando... etc).*

Jasán: *(se queda riendo)* ¡Lo hice lo hice! Ja, ja, ja.

En esto entra Mel arrastrándose...

Mel: ¡Sabandija! ¡Te has aprovechado de unas mujeres! ¡Porque no te enfrentas a los hombres!

Jasán: ¡Mira nada más! ¡El paralítico ha hecho acto de presencia! Ja, ja, ja... ¡hombres! ¿Hombres como tú?

Mel: ¡Te voy a matar miserable rata inmunda! *(Mientras dice todo esto se mueve arrastrándose, pero Jasán lo esquivaba fácilmente).*

Jasán: ¿Matarme tú a mí? ¡Ja, ja, ja, en tus sueños! Vete al infierno, quien te manda haber quedado vivo. ¡Quedaste vivo sólo para sufrir más. ¡Mira, ahora te he quitado lo que más amabas!

Mel: *(llora agrito abierto)* ¿Porque lo haces? ¿Qué cosa tan grave que te hice?

Jasán: ¡Me humillaste! ¡Ahora yo te haré ver que nadie se mete conmigo! ¿Quieres que te mate? ¿O quieres matarme tú a mí? ¿Quién puede matar a quién? Ja, ja, ja, ja, ja.

Mel: ¡Te mataré!

Jasán: ¡Es mejor dejarte vivo para que sufras más la ausencia de quienes tenían que atender a un inútil como tú! ¿El más grande comerciante de Jerusalén? ¿un miserable paralitico? Por favor, no tengo tiempo para atenderte más. Eres un pedazo de carne. Sin valor alguno…mira *(baja la voz)* te doy un consejo… es mejor que te dejes morir comido por los gusanos *(se retira).*

Mel: *(apunta al cielo)* ¡Dios, porqué has permitido esto! ¡Y ese niño que ha nacido! ¿Dónde está su bendición? ¿Emmanuel? ¿Dios con nosotros? ¿Dónde está Dios? Tú me has abandonado. ¡Ahora estoy sólo y paralítico! ¿Qué voy a hacer ahora? *(Llora).*

Escena IV – Un Escape Sorprendente

<u>El escenario</u> es en el interior de una cárcel. Las protagonistas de esta escena están vestidas de harapos y muy sucias, inclusive sus caras.

Diablo: Tengo dominio sobre esta familia. ¡No cabe duda que he hecho lo que he querido!... ja, ja, ja y no descansaré hasta destruirles del todo. Ja, ja, ja... Introduciré espíritus malos que les guíen a la desesperación. ¡Así acabarán en una eternidad en el infierno!

Una luz resplandece en la cárcel y se escucha una voz:

Voz de Dios: No conseguirás nada más. Porque alguien ha orado a mí y yo he escuchado su oración. No prevalecerás, sino que desde hoy yo empezare a hacer maravillas en esta casa, lo dice el Señor. Y restauraré lo destruido y levantaré lo caído. Luz ha resplandecido en esta cárcel y aunque agudices tu mirada contra ellos, aunque afrenta quiera golpear sus mejillas, sacudir sus pies y desmenuzar su cuello. ¡No te lo permitiré! Hundiré sobre ti mi fuerza y no dominaras más. Mis ángeles resguardarán esta propiedad todos los días de su vida. Porque han clamado a mí y yo he escuchado.

Diablo: *(grita)* ¡A-a-ahh!

Con este grita se despiertan.

Laetia: ¿Qué fue eso?

Orfa: No lo sé. Fue el ruido más terrible que haya escuchado. Me da miedo.

Laetia: No teman nada muchachas que Dios está con nosotros. Démosle un vistazo a las palabras de la ley...

Va por una tableta de lado donde está escritos textos bíblicos.

Orfa: Realmente fue muy buena idea escribir en esos pedazos de barro textos de la ley, posiblemente si no fuera así, ya las palabras de Dios se nos habrían olvidado...gracias, Laetia, por tu espíritu positivo. Ustedes tienen mucho más tiempo aquí y le doy gracias a Dios que al menos tengo compañía en este terrible lugar. Estoy segura que si al ser echada en esta cárcel estuviera sola, jamás hubiera sobrevivido.

Laetia: No nos agradezcas a nosotras, Dios es quien nos ha sostenido durante este tiempo, aunque hemos pasado por tantas cosas, sabemos que Dios está con nosotras.

Rut estaba aparte y recostada cuando las otras dos mujeres estuvieron hablando. De pronto se levanta y dice:

Rut: ¿Acaso escuché bien? ¿Dijiste que Dios está con nosotros? *(Empieza a gritar y a llorar).* ¿Después de todo lo que nos ha ocurrido? Después de lo de Mel y luego este encarcelamiento y… *(llora aún con más fuerza)* ¡Mamá! ¿Dónde estás mamá? ¡Esa maldita enfermedad! Porque no me fui yo en su lugar. ¡El cuerpo hedía ya, lo sacaron después de cinco días, un poco más de tiempo y hubiésemos nosotras muerto también! ¡No!

Orta: Cálmate, Rut, no ganamos nada con eso.

Rut: Pero hoy ya hace 33 años que estamos en esta cárcel y parece que no saldremos de aquí nunca. ¡Ya cada vez estamos más viejas y la vida se nos ha esfumado casi! ¡Nos estamos volviendo en unos animales! ¡La lengua se ha pegado a nuestro paladar de tanto gritar y nuestros ojos ya están exhaustos de llorar! Y yo me pregunto: ¿dónde está Dios? ¿Hasta cuando angustiará nuestra alma? ¡Los huesos se han pegado ya a nuestra piel! Violencia y destrucción son la definición de nuestra vida. Horror y azufre son nuestro pan cotidiano. En las calles ronda la injusticia y su compañera la corrupción le invita a pasear. ¿En donde terminara todo esto? ¿Sirve de algo vivir?

Laetia: ¡Basta ya, Rut! Basta de decir palabras ociosas que sólo traen frustración y soledad.

Rut entra en un ataque de histeria, se pone frenética.

Rut: Déjeme, déjeme… no pueden hacerme esto, yo no puedo seguir en esta condición… ¡ya estoy harta de esta vida!

Luego Rut se pone las manos en la cabeza y se sienta en el piso recargándose en la pared.

Orta: Rut, que Dios nos tiene así no será duradero, porque aún y esta vida se esfume por completo, tenemos de Él una patria, una nación de la que somos ciudadanos. Él no dejara que nuestra alma sea sin descanso. Laetia, Rut, yo veré su rostro. El rostro de Dios se mostrará resplandeciente delante de mí. Veré a Jacob; veré a nuestro padre Abraham que está en su Santa morada. *(Esto lo dice con brío, con mucha convicción).*

Laetia: Oscuridad hay por ahora, en estos 33 años hemos sido afrentadas, yo fui tomada también con ustedes injustamente, pero queda vida aún en nuestros labios para alabarle.

Rut: ¿Oscuridad? ¿Ya olvidaron que por 3 años estuvimos en un calabozo completamente oscuro? ¿Que por poco perdimos la vista por no ver la luz durante tanto tiempo? Mi madre se puso enferma en ese entonces, nosotras no sabíamos que hacer… ¡fue una desesperación terrible! ¡Oh, no! *(Continúe con las manos sobre la cabeza y llorando en un rincón).*

Orta canta una canción evangélica.

Rut: Es muy bonito lo que cantas… estoy avergonzada por mi insensatez pero no puedo evitar ponerme así, muchachas, es tan difícil nuestra situación… *(Llora de nuevo, las demás le abrazan).*

Laetia: Lo sé, sé cómo te sientes, también nosotras tenemos esos pensamientos, más no podemos negar la grandeza de Su amor… y ese niño que nos fue enviado… que nos ha nacido… que tiene el principado sobre su hombro… Él es admirable. Él es el consejero, Padre Eterno y Principe de Paz.

Orta: Ahora debe tener treinta y tantos años…

Laetia: Si tan sólo pudiéramos ver su rostro. Contemplar los gestos de su bondad *(lo dice con brío).*

Orta: Y sus manos de compasión…

Laetia: Sí, el Mesías es el ungido del Señor, lleno de su Espíritu y enviado a predicar buenas nuevas a los abatidos, a vendar a los quebrantados de corazón, a publicar libertad a los cautivos y a los presos apertura de la cárcel.

Rut: ¿A los presos apertura de la cárcel?

Laetia: Rut, no seas incrédula sino creyente…

Rut: ¿Cómo pudiéramos ser libertadas de esta cárcel?

Orta: De sus maneras no lo sabemos… cuando subes la montaña sin saber por dónde irás, pero tienes fe de llegar a la cumbre, llegarás porque en cada obstáculo su sabiduría y su fuerza te impulsan.

Rut: ¿Qué es eso que hablas?

Orta y Laetia: Oh, Dios es bueno, Oh, Dios es bueno…

Se toman del brazo empiezan a danzar y alegrarse: Has cambiado mi lamento en baile, me sentiste todo de alegría… cantan.

Rut: *(les abraza)* No cabe duda que ustedes son increíbles. ¡Increíbles! *(Todas ríen y se abrazan las tres).*

Orta: ¡No llega le comida, estoy hambrienta!

Soldado 1: *(el soldado grita desde afuera)* Aquí tienen su comida, mujeres costrosas. Ojalá ya se murieran para no tener que estarles trayendo. Aprovechen esto mendrugo de pan, porque esto ha de ser para ustedes un manjar.

Rut: ¡Cállate!

Entra el soldado, la toma de cuello, tira la comida delante de ellas y dice:

Soldado 1: ¡Cochina mujer, vuelves a decir eso y te mato! ¡Piojosa! Por hoy tampoco hay comida este es el precio de abrir tu gran boca.

Soldado 1: ¿Qué? ¡Tú también quieres golpes! *(En eso una serpiente lo muerde y él tira las llaves).* ¡Ahhhhhh, me da mordido! ¡Aaaaaaah, no puede ser, de donde salió esa serpiente! Aaah, por qué no les mordió a ustedes primero... moriré... *(Aquí debe el soldado poner una dote extra de dramatismo).*

Orta: No morirás... yo te ayudaré.

Hace como que lo empieza a ayudar. El soldado muere.

Orta: Demasiado tarde, el veneno llegó muy rápido a su sangre y ha muerto casi instantáneamente.

Rut: Húyanos de aquí, miren, ¡yo tengo las llaves!

Laetia: ¡Gloria a Dios! Esto es un milagro... apresurémonos... escapemos de aquí.

Escena V – El Estanque de Bethesda

La escena se desarrolla en el pórtico de Bethesda, los personajes están postrados, inmóviles, pero hay acción en el exterior. La escena inicia con el murmullo de la gente; hay música judía instrumental y algunos niños se burlan de los imposibilitados que están ahí y les hacen bromas.

Niño 1: Mira, quitémosle el dinero al paralítico. Pues cuando se descuide lo tomamos ¿te parece? *(le dice en voz baja).*

Nino 2: Mira, está distraído, vayamos ahora por atrás y ¡zas!

Niño 1: ¡Sí! ¡Ahora!

Se mueven rápido, corren y le roban el plato donde tenía el dinero de las limosnas, luego se van burlándose de él.

Mel: *(enfadado en gran manera)* ¡Condenados niños! *(Se mueve, se arrastra por el piso, muerto del coraje dice:)* ¡Miserables, como pudieron! ¡Ya estoy harto de esta condición! ¡Y todo por una injusticia hecha por ese mal nacido! ¡Esto no tiene nombre! Abimael, tengo un odio contra ese hombre, que si yo pudiera matarle... si yo pudiera matarle. Y luego todo fue culpa de ese niño... ese bebé que nació en Belén... todo fue una farsa, el mismo día que él nació ese fue el día en que me separaron de las únicas personas que me han amado en la vida... ahora mi madre ya debe estar muerta. No sé del estado de mi novia y de mi hermana... ¡oh, no! Imagino todos los días lo peor... es un espanto constante para mí. Realmente estoy aterrado... la farsa de ese niño me da aún más coraje, porque se decía... Dios con nosotros... ja... ¿conmigo? ¿Con todo esto? Mientras los malvados se enriquecen y disfrutan de lo mejor de esta vida, yo, que fui un hombre de trabajo y buen hijo, estoy en esta condición. ¡Torpe! Tú me entiendes. Abimael... ¿Tú me entiendes?

Abimael: Sé que todo esto ha sido tan duro para ti, que apenas si puedo creer que ha sobrevivido, pero yo te suplico que tengas un poco de fe, porque estamos en el lugar donde se sanan los enfermos. Estamos en el estanque de Bethesda.

Mel: Abimael, ya tengo tantos años aquí, que ya casi he perdido toda esperanza de ser sano. No tengo quien me meta al agua. Quien como tú, que aunque estás ciego, puedes oír cuando el ángel viene a remover el agua y sé que pronto, muy pronto serás sano.

Abimael: Sí, yo tengo una esperanza firme de que así será.

Mel: Pero dime, como será esto. ¿De dónde proviene ese ángel, porque es que Dios así lo ha dispuesto? ¿Por qué no sana él directamente? ¿Por qué no envía sus profetas? ¿Por qué no acude alguno de ellos aquí y sana a todos los enfermos? ¿Y ese Mesías? Si es que es el Mesías... ¡si lo fuera, nos sanara! ¿Pero dónde está? ¡Yo no creo esas patrañas! Estoy harto de todo esto.

Grita que alguien tenga misericordia de él, que alguien le meta al estanque. Luego hay una Pausa.

Mel: No escucho a nadie, ¡parece como si todos se hubiesen espantado a mi plegaria de ayuda! ¡Es que nadie en todos estos años se ha preocupado por este pobre paralitico! Nadie en todos estos años ha querido mostrar un poco de misericordia con este miserable ser humano. ¿Abimael, tu eres mi amigo?

Abimael: Sí, Mel, ¡yo soy tu amigo!

Mel: ¿Podrías prometerme algo?

Abimael: ¿Qué?

Mel: Quiero que cuando tú seas sanado, me metas a mí también al estanque. ¿Podrás hacer eso por mí?

Abimael: Sí, amigo, yo lo hare por ti. Cuenta conmigo, haremos un pacto. Seremos así los más grandes amigos por toda la vida.

Mel: ¡Gracias! Por fin he encontrado un alma justa en este mundo hostil. Abimael, mira, ha llegado el ángel… ¡que impotencia! ¡Que impotencia! Pero tú, Abimael, sigue el ruido y corre hacia él para que seas sanado… ¡corre! ¡Corre! ¡No te detengas, ve rápido, tienes que ser tú el primero!

El ciego se mueve rápido y corre hacia donde está el estanque con el ángel removiendo el agua, el ciego se acerca al ángel y es sanado por él. Luego el ciego vuelve muy gozoso, salta de gozo, danza y sale gritando.

Abimael: He sido sanado, puedo ver… puedo ver… ¡que milagro! Puedo ver…

Mel: Que bien por ti, Abimael *(lo dice con alegría también)*, ahora podrás ayudarme a mí. *(Le grita puesto que Abimael se va y lo ignora).* ¡Ven miserable traidor, tú me dijiste que me ibas a ayudar! ¡Uno más a la lista! ¿Habrá en este mundo alguna persona que sea capaz de preocuparse por los demás?

Aparece el diablo riéndose.

Diablo: Ja, ja, ja, ja. Todos te han abandonado, ¿por qué no te matas?

Mel: No, no *(se tapa los oídos mientras mueve la cabeza).*

Diablo: Nadie te ha ayudado sino sóo te han dado la espalda.

Tú no tienes para que seguir sufriendo en este mundo, mira, hazme caso, mátate... *(Se le acerca al oído)* mátate.

Mel: ¡No! ¡Vete! No quiero hacerlo, aún me gustaría vivir un poco más... pero ya no quiero estar en esta condición... tal vez sea como tú dices... pero no me atrevo... no me atrevo.

Diablo: No sentirás nada... sólo hazlo, hazlo, hazlo...

Entra una persona y el diablo sale huyendo pero sin decir nada.

Aldeana: Buenos días, te traigo un guiso que he preparado especialmente para ti. Espero que te guste.

Mel: ¿Cómo? ¿Para mí? ¿Pero cómo puede ser esto posible, tú haz cocinado algo para mí?

Aldeana: Sí, no te conozco, ni se quien puedas ser, sólo he indagado tu nombre y sé que te llamas Mel y he sentido en mi corazón traerte esta comida.

Mel: ¿Pero porque yo, que es lo que te motiva a traerme esto?

Aldeana: Mel, algunas semanas atrás algo extraordinario ocurrió en mi casa, después de haber quedado viuda por muchos años, mis hijos también murieron a causa de una epidemia, sólo me quedo una hija que vive conmigo. Luego me vino una enfermedad tan terrible que no podía moverme. Pero vino a mí un hombre maravilloso...

Mel: ¿Cómo, no te entiendo, de quien hablas?

Aldeana: Hablo del Nazareno, de Jesús de Nazaret.

Mel: Oh, no vete de aquí, no resisto que menciones ese nombre... porque el día que él nació fui separado de mis seres queridos...

Aldeana: No es como tú piensas... ese hombre es el más maravilloso que puedas conocer. Ojala algún día puedas verle porque él será tu salvación... por favor recibe esta dádiva de mí esta mañana.

Mel: Por favor, discúlpame, muchas gracias… pero aún no me has dicho qué es lo que le quieres de mí…

Aldeana: Después de que conocí a Jesucristo mi vida fue transformada. Mi dolor y las heridas de mi alma se fueron… y dentro de mí hay una paz indescriptible. Algo que difícilmente se puede explicar con palabras humanas. Y algo dentro de mí me impulsa a amar a los necesitados. Algo dentro de mí me impulsa a ayudar a todos cuantos puedo; Dios ha cambiado a esa mujer horrorosa que fui.

Mel: En verdad te lo agradezco. Eres la única persona que se ha preocupado por mí en muchos años. Esta es la cosa más extraña que haya visto. ¿Por qué? No lo comprendo bien.

Aldeana: Es el amor de Dios.

Mel: ¿Amor? No me hables de esa palabra… por favor, vete… deseo estar solo. He estado sólo por muchos anos… y así seguiré.

Aldeana: Mel, Jesucristo te ama.

Mel: ¿Que me ama? *(Enfurecido).* ¡Ese niño de Belén es una farsa! Quizá su nacimiento me ha traído esta maldición que no merezco…

Aldeana: No lo olvides, Él te ama *(se va).*

Como si de hiciera noche, las luces se empiezan a apagar tenuemente. Una música acentúa más esto. Luego se escuchen los ruidos propios de la noche, los insectos y demás. Después amanece… las luces empiezan a aumentar poco a poco… el gallo canta, etc… Mel se acuesta en el escenario… se arropa con una capa… etc.

Aparece el Señor Jesucristo y se pone enfrente de él.

Mel: *(despierta sobresaltado diciendo:)* ¡No, no, auxilio, auxilio!

Jesucristo: No temas.

Mel: ¡Oh! ¡Me duele mi cabeza!

Jesucristo: ¿Qué es lo que haces aquí?

Mel: Señor, seguramente eres un forastero al no saber que en este lugar estamos todos los afligidos y desesperados. Yo estoy enfermo, mi Señor, no puedo caminar desde hace 38 años. Todo producto de una tremenda injusticia.

Jesucristo: Veo que estás en prisión de tribulación.

Mel: Sí que lo estoy, mi Señor; y en amargura de espíritu. Creo que no hay escapatoria. Sólo estoy esperando la muerte y ésta nunca llega.

Jesucristo: No morirás sino que vivirás.

Mel: No, mi Señor, no creo que así sea, nada puede remediar mi triste condición. Aún la esperanza que algún día tuve en el niño de Belén se esfumó del todo.

Jesucristo: Ten confianza, hijo. Aún tienes mucho que darás a tu Dios.

Mel: ¿Yo? Darle algo a Dios. Pues sino tengo nada que ofrecer. Nada. Aún mis piernas no pueden moverse. Soy un miserable paralitico.

Jesucristo: ¿Quieres ser sano?

Mel: ¿Que si quiero ser sano? Señor, mi familia ha muerto en la cárcel, no tengo esperanza alguna de verle. Mis amigos todos me abandonaron. Yo vine a este lugar con la esperanza de ser sano por el ángel: pero Señor, no existe en este mundo una sóla persona que se interese por mí, nadie. En todos estos años nadie ha querido ayudarme.

Jesucristo: Levántate, toma tu lecho y anda.

Al instante Mel se levanta y empieza a caminar. Con una gran cara de perplejidad y profundamente emocionado, salta y danza por todo el escenario, dando voces de gran alegría. La gente que pasa por ahí le mira con gran asombro, a alguna le abraza, a otra le intenta cargar... hace una tre-

menda fiesta de celebración. Luego de esto, Mel sale de la habitación adorando a Dios y queda Jesucristo sólo. Entra un ángel.

Ángel: ¡Señor! *(Se arrodilla y le adora).*

Jesucristo: Ónice, haz cumplido bien tu misión, ahora vuelve al seno de mi Padre, no estarás más aquí porque yo he llegado. Yo he venido para traer sanidad a la humanidad. Vamos vuelve al cielo. *(El ángel sale).*

Escena VI – Viejos Amigos y uno Nuevo

<u>La escena</u> se desarrolla en el camino. Mel viene caminando y se encuentra con Abimael.

Abimael: ¡Hey, Mel, amigo!

Mel: ¡Hola, Abimael!

Abimael: Mel, ¡esto es sorprendente, haz sido sanado! ¡sabía que Dios también de ti tendría misericordia!

Mel: ¡Sí! ¡He sido sanado! *(Lo dice con júbilo).*

Abimael: ¿Finalmente alguien te ayudó a entra al estanque?

Mel: Si, ¡alguien me ayudó! Pero no fui sanado de la forma que tú piensas, lo mío fue distinto.

Abimael: ¡Pues cuéntame!

Mel: Pues se trata de un hombre que yo no conozco. Sin embargo, yo creo que es profeta porque me dijo mi condición, y me pregunto que si quería ser sanado. Yo le dije que no había quien me metiera al estanque. Pero el no hizo caso a mis palabras sino solamente dijo: "Levántate y anda". ¡De inmediato mis piernas fueron llenas de fuerza y me levanté y anduve! Puedes creerlo Abimael! ¡Este fue un gran milagro! ¡Gloria a Dios! Pero en cuanto a la identidad de ese hombre no lo sé.

Abimael: Pues Dios te conceda saber quién es ese profeta. *(Pausa pequeña)*. Me gustaría decirte algo mi amigo Mel; porque tú eres mi amigo, ¿verdad?

Mel: Bueno, pues sí… ¿qué es lo que quieres decirme?

Abimael: Te tengo una buena noticia. ¿Recuerdas a Simeón?

Mel: ¡Sí, claro que sí! Es el hombre más maravilloso que haya escuchado jamás. ¿Vive aún? Ya debe ser muy anciano… recuerdo su bondad para conmigo casi todos los días.

Abimael: Mel, quiero decirte que ha muerto.

Mel: ¡Oh, no! Lo lamento tanto *(lo dice con tristeza)*.

Abimael: ¡Mel, alégrate! ¡Él, antes de morir, te hizo heredero universal de todos sus bienes!

Mel: ¿Qué? Pero yo no soy…

Abimael: Sí que lo eres. Eres el dueño de toda su fortuna. Fue como si todo ese tiempo que estuviste mendigando hubieses hecho esa fortuna por ti mismo.

En eso vienen la hermana y novia de Mel con su amiga Orta. Aunque Mel y Abimael quedan en el escenario y se nota que continúan hablando, el sonido para ellos se va y se abre para las mujeres que recién han entrado.

Orta: ¡Ya hemos caminado mucho y aún es hora que no llegamos a casa! ¡Qué maravilla que estamos libres, verdad!

Rut: ¡Sí, aún y fuesen mil millas… las caminaría de todos modos! ¡Dios ha sido bueno!

Laetia: Pero ¿dónde estará nuestro Mel? ¿Vivirá? Habrá muerto de frío o de hambre. ¿Habrá sido muerto por maleantes o alguna enfermedad le arrebató la existencia?

Rut: *(dice en voz alta)* ¡Oh, Mel si aún vivieras, te abrazaría y te besaría con todas mis fuerzas!

Abimael y Mel estaban platicando pero no se escuchaba lo que decían, ahora de nuevo se abre el sonido para ellos.

Mel: Alguien ha dicho mi nombre.

Orta: ¿Quién eres tú?

Mel: Más bien debería de decir ¿quiénes son ustedes? Porque parecen esclavas escapadas de su amo.

Rut: No nos menosprecies, mi señor, sólo somos tres siervas de Jehová de quien Él ha tenido misericordia después de tanto tiempo.

Mel: Amiga mía, parece que ustedes tienen también alguna historia interesante que contar. Creo que no soy el único que ha sufrido en la vida. Se ven ustedes bastante mal, imagino que han ustedes sufrido mucho.

Orta: ¡Vaya que sí! Mis amigas estuvieron 33 años encerradas en una fría, lodosa y oscura cárcel. Yo llegué poco después, y fue para mí afortunado, porque de otra manera hubiera muerto.

Mel: ¡Oh, lo lamento tanto! Pero veo que ahora están libres.

Mel: Esa voz me parece conocida *(lo dice en voz baja)*.

Laetia: ¿Perdón?

Mel: No, discúlpame, sólo hablaba para mis adentros.

Laetia: Ahora tengo la esperanza de encontrar a mi amado. Por favor, si lo ves, hazle saber que lo busco. Dile que he estado llorando y orando por él durante estos 33 años.

Mel: Que coincidencia. Yo también espero a mi amada desde hace 33 años. Ninguna mujer pudo haber ocupado su lugar.

Laetia: Señor, tu voz me parece conocida... pero no, *(dice en voz baja)* no puede ser Mel, Él está paralitico.

Mel: Sí, tu voz también me parece conocida. Me recuerdas a Laetia.

Laetia: ¿Laetia? *(con asombro).*

Mel: Sí, Laetia, mi prometida.

Laetia: Pero… si tú *(toca su rostro y empieza a llorar),* tú eres…

Mel: ¡Oh, no! ¡Dios mío! ¡No puede ser! ¡Señor! ¡LAETIA!

Es entonces que la abraza, le levanta en brazos y le da una vuelta en peso. Luego corre con ella y juntos danzan llenos de alegría.

Rut: ¿Mel? ¡Oh, Señor! ¡hermano mío!

También Orta viene y le abraza

Orta: ¡Oh, Dios… tú has contestado nuestra oración!

Después de un tiempo de regocijo y lloro de todos, Mel vuelve a hablar.

Mel: Sí, he sido sanado. Fui sanado por un hombre que no sé de quien se trata.

Rut: ¿Cómo era él?

Mel: Es alto y de complexión mediana. Sus cabellos son rubios y su rostro amable. Su voz potente, vigorosa… su andar manso… su barba… es como la de un joven de 33 años…

Rut: Mel, ¿recuerdas a aquel niño que odiabas por haber nacido el día en que nosotras fuimos encarceladas?

Mel: ¡Sí, ya ni me lo recuerdes! ¡Un verdadero fraude!

Laetia: ¡Mel, calla! Él fue quien te sanó.

Mel: ¿Él?

Orta: Sí, Jesús, el niño de Belén.

Mel: Oh, no. Dios mío. Pero yo que odiaba a ese niño. Oh, Señor, tantas veces que blasfemé de Él. ¡Y Él mismo fue quién me sanó! *(Se hinca en el piso y empieza a llorar amar-*

gamente). ¡Oh, no! ¡He sido el hombre más insensato de la tierra! ¡El más malagradecido! Realmente Él es el Mesías que nosotros estábamos esperando.

En eso Jesús de Nazaret sale en la escena.

Jesús: ¿Qué tienes, hijo mío?

Mel: ¡Oh, no, Señor! Mi causa es muy grave. Yo fui quien pequé gravemente contra Jesús de Nazaret. Mientras Él me amaba, yo le aborrecía. ¡Mientras Él extendía su mano para sanarme yo le maldecía y escupía el rostro! ¡Oh, no, soy un miserable!

Jesús: Hijo, no llores más.

Mel: Pero, ¿quién eres tú? *(voltea el rostro hacia arriba).* ¡Jesús! ¡Oh, Señor! ¡Eres tú! ¡El Mesías, el rey que nació hace 33 años! ¡Te adoro! Eres mi salvador.

Fin de

"Celda Treinta y Ocho"

EL PROPÓSITO ETERNO

PERSONAJES

Sara, la mujer de Abraham.

María (*personaje principal*), la madre de Jesús.

Diablo, el enemigo de Dios desde tiempos antiguos.

Itamar, una de las mujeres mundanas de Jerusalén.

Mara, una de las mujeres mundanas de Jerusalén.

Judit, una de las mujeres mundanas de Jerusalén con espíritu más noble.

Sulsa, una de las mujeres de Jerusalén.

Ángel de Jehová, el Señor Jesucristo.

José, el prometido de María.

Acreedor, uno a quien la familia de José debía dinero.

Vendedor, vendedor de esclavos.

Voz Masculina (1), uno de los compradores de esclavos.

Voz Masculina (2), uno de los compradores de esclavos.

Voz Masculina (3), uno de los compradores de esclavos.

Griego, un rico comprador de esclavos.

Mofat, sirviente del rico griego.

Voz de Dios, Todopoderoso.

Populacho (1), un sujeto del pueblo (puede ser hombre o mujer).

Populacho (2), un sujeto del pueblo (puede ser hombre o mujer).

Populacho (3), un sujeto del pueblo (puede ser hombre o mujer).

Escena I - El Sueño de María

Escenario: es el mismo que se desarrolla en la escena II, María está dormida, está con los brazos en una mesa vencida por el sueño. No es necesario que la voz de Sara sea la de una anciana, más bien es mejor que sea la de una mujer joven. Lo importante aquí será dominar la complejidad de la actuación.

Sara: *(monólogo)* Oh, que cansada estoy de las labores del día. Es que ya no soy una jovencita. ¡Oh, claro que no! No está bien que sea yo misma quien lo diga, pero... ya soy una vieja. ¡Oh, sí! 90 años, es una buena edad para morir. Morir. Está bien. Descansar de esta vida llena de afanes. Pero conmigo se muere mi memoria para siempre. ¿Puede alguien recordar a una pobre mujer como yo que no ha sido capaz de dar un hijo a esta tierra? ¿Acaso pueden llamarme bienaventurada? *(Empieza a sollozar).* ¿Cómo puedo ser feliz? Si mi matriz a estado tan seca como este desierto que me circunda. Soy el desprecio y la burla de todos cuantos me conocen.

(Continúa lloriqueando) ¡Oh, sí! ¡La esposa de Abraham! Un hombre próspero y que tienen una buena amistad con el Altísimo. ¿De qué me ha servido? ¿De qué me ha servido ser desde mi juventud una mujer hermosa y codiciable? Nadie en este mundo puede ser más desdichada que yo.

(Deja de llorar y con voz quieta dice:) Oí de mi marido que Dios ha dicho que tendré un hijo. Ja, ja, ja, ¿Un hijo? ¿Yo? ¿A los 90 años de edad? ¡Pero si yo ya voy rumbo al cementerio! ¡Mi matriz hace mucho tiempo que no funciona! Esto es imposible... Ja, ja, ja...

Oh. *(Recobra la compostura y en voz más solemne dice:)* ¿Pero que estoy haciendo? ¡Dios mío! ¡Perdóname Señor! *(Alza sus manos y voz al cielo).* ¡Pero si es tu palabra! Ha sido tu voz la que ha hablado. Esa voz que creó el mundo. Pero Señor, ¡si has sido tú! Oh, mi Padre. Creador y sustentador de todo en el universo. *(Termina con fuerza, continua con firmeza en su voz pero más suave y va levantándola de nuevo).* Tu voz es voz de mando, tus manos, ¿acaso no fueron las que cuidadosas formaron al hombre? ¡Señor! tus manos tiernas y delicadas formaron casi de la nada, del sucio barro, algo tan perfecto y hermoso como es el hombre. Y luego mezclaste, lo celestial a lo natural soplando tu propio aliento sobre él.

¡Señor! ¡Perdóname! ¡Perdóname! *(Esta última palabra con gran fuerza).* Porque tú eres quien hace las cosas en el tiempo por ti escogido. ¿Quién soy yo para no creerte? Señor, reconozco que tú puedes formar en mi vientre lo que no se formó en mi juventud, lo que mi matriz no engendró en la época de mi lozanía. *(Termina llorando y con las manos al cielo, después las baja y dice:)* ¡Porque no hay nada imposible para Dios! ¡Nada hay imposible para Dios! ¡Nada! *(Termina con gran emoción, después baja la voz de nuevo y dice:)*

Y tan sólo por recordar un caso... sí... recuerdo cuando mi Dios conversó con Abraham. ¡Oh, fue sorprendente que el mismo Dios tuviera con él la confianza que se tienen sólo amigos! Él le dijo que enviaría juicio del cielo sobre dos ciudades pecadoras, y aún y cuando mi esposo trató de convencerlo, el justo y soberano Dios envió fuego y azufre sobre Sodoma y Gomorra. Yo misma vi... yo vi... cuando el fuego descendió, ¡uauh! ¡Eso fue... espectacular! ¡Pero muy triste! yo misma vi la humareda de las ciudades, ¡jamás había visto algo semejante! ¡Pero Señor, tu poder es enorme! Yo puedo ser la madre de la gran nación que has prometido a mi marido. Yo puedo ser la madre de la fe de muchos hombres y mujeres nacidos de mi simiente. Y si por mi marido son benditas todas las naciones de la tierra, por mí. ¿No lo son también? ¡Porque de mis entrañas nacerá el hijo de la promesa! La bendición que vendrá no es de la descendencia de Abraham solamente sino es de la descendencia de ambos.

¿Cómo será? No lo sé. Pero en la vejez Dios nos hace fructificar, nos hace estar vigorosos y verdes, para contar sus ma-

ravillas. Porque se... ¡Se, que veré su bondad! ¡Oh sí! ¡Veré su bondad! ¡Veré su bondad en la tierra de los vivientes! ¡Aleluuuuya!
(Todo esto lo dice que gran fervor desde el inicio al final).
Creo que estoy a las puertas de una gran bendición. A pesar de todo he sabido esperar. He podido resistir hasta con alegría, porque si descanso en las promesas de Dios, la esperanza y la fe producen en mí... ¡Gozo! Ahora quiero reír, ¡sí! quiero reír, pero no sarcásticamente como en aquella visita del enviado del Señor, sino que mi risa ahora, no es de incredulidad sino de gozo, sé que mi Redentor vive, y aún del polvo se levantará. Sé que aún muerta esta mi carne he de ver al Dios vivo. *(La última frase con mucha fuerza).*

¡Oh! *(Se duele de un dolor en el vientre, tocándose con ambos brazos).* ¿Pero qué me pasa? *(Se sonríe mientras se duele).* ¡Oh, que mareos son estos! ¿Qué está sucediendo? ¿Será que estoy encinta? *(Con voz de gran asombro y una sonrisa de alegre satisfacción).* ¡Dios mío! *(Lo dice como doliéndose).* ¡Señor santo! ¿Será este el cumplimiento de la promesa, por mi fe y por la fe de mi marido, Abraham? ¡Dios bendito, sí Señor lo creo! ¡Mi Isaac está ya en mí! ¡Lo siento! ¡Lo siento! ¡Dios ha cumplido su promesa! ¡Señor, eres lindo! ¡Señor, eres maravilloso! ¡Te alabo Padre! ¡Aleluya! ¡Te adoroooo! *(Continua alabando a Dios con toda la fuerza y pasión que tiene la persona, aún después que el telón está completamente cerrado).*

Escena II – El Encuentro Triunfante

Escenario: una casa típica judía. De una familia humilde de los aquellos tiempos. Una mesa alta en el centro y una silla donde María aparece sentada, apoyando sus codos sobre la mesa. María ora, después se levanta y continúa orando de pie y luego hincada, etc.

María: ¡Sara! *(Empieza suavemente, después sube el tono de su voz).* ¡Sara! ¡Saraaaaaaa! ¿Dónde estás? ¿Dónde estás?

(Con apariencia de gran sobresalto, se mueve por todo el escenario, tal como si estuviese buscando su propia vida, después se sacude fuertemente el rostro como cuando alguien se despierta bruscamente y dice). ¡Oh, sólo fue un sueño, que sueño más bello! ¡Oh, Padre! ¡Padre mío! *(Se hinca, alza sus manos y ora así:)* Creo que estoy a las puertas de una gran bendición. ¿Cuál es esa bendición? *(Con gran sentimiento).* Señor, muéstrame tu voluntad. En verdad, no soy nada especial, sino tan común como los millones de granos de arena que se confunden en el mar. ¿Podré ser útil en tus manos? ¿Podrán mis ojos contemplar como tú exaltas a esta tu humilde sierva?

Señor, si quieres bendecirme... haz todo lo que está en tu corazón; porque una petición hay dentro de mí, y ésta deseo cumplas a su tiempo, que vea con mis ojos cuando venga el ungido, el Santo de Dios, ¡el Mesías! *(Termina con alta voz, con gran entusiasmo, pero a la vez con ternura).*

Pero ¿de quién nacerá? ¿Será su nacimiento tan milagroso como el de Sara? Su Nombre, el mayor sobre la tierra, y su casa, la más grande y virtuosa de Israel, será traído por ángeles poderosos y le pondrán en cuna de oro y sonaja de marfil... ¡El Mesías! ¡El Mesías Admirable! ¡El Dios fuerte! ¡El Padre Eterno! ¡El Emmanuel prometido! ¡El Cristo! *(Todo este párrafo lo dice con voz solemne y firme, levantándose y haciendo movimientos con los brazos).*

¿Qué si es un anhelo caro? Sí, Señor, ver cuando el Mesías venga al mundo es el más caro de mis anhelos *(con voz llorosa).* Pero quiero ser, como esa sierva tuya, Sara. Quiero tener la fe que tuvo ella para esperar la venida de su Isaac y así yo espere la venida de mi Señor, el Rey de Israel.

Es el tiempo, Señor; con humildad te ruego, no demores en enviarlo. Que desde el arco iris de tu fidelidad descienda, quien romperá las ligaduras de la muerte y podrá el nombre de Israel a la cabeza del mundo. Porque en sus alas traerá salvación. Entonces saltaremos y correremos como becerros de la manada y de nuestra boca una fuente de risa y alabanza fluirá.

Todo este parlamento anterior requiere de mucha actuación y entonación en la voz; ella se levanta de su oración y entra un personaje maquillado como el diablo. Cuando María habla la palabra de Dios, lo hace con mucha autoridad. María y el diablo se aproximan uno al otro, se señalan con violencia, el diablo retrocede y vuelve a avanzar hacia ella, a medida que transcurre el diálogo; retrocede cuando la Palabra de Dios se menciona.

Diablo: Ya terminaste... no te interrumpo, ¿verdad?

María: *(sobre saltada al escuchar al personaje con voz tétrica y desafiante que le habla)* ¿Quién eres tú? ¿Cómo lograste entraste entrar?

Diablo: No importa quién soy. Importa que tú no me importes. Importa que tú no importes para nadie. Importa que no sirvas y que no podrás hacer nada de lo que quieres hacer.

María: ¡Oh! ¡Sólo porque tú lo dices! Será que soy una Hija de Dios. ¡Será que soy hija de Abraham y heredera de todas las bendiciones del cielo! Será que soy el especial tesoro de Dios y la niña de sus ojos... Será que sé quién soy, hacia donde voy y quien seré. ¿Puedes hacer algo ante eso? Dios hará su voluntad en mí y nada podrá impedirlo.

Diablo: ¿Nada? Podrás combatir con todo mi ejército. ¿Podrás tu sola combatir con todo el ejército de ángeles caídos y demonios que tengo a mi disposición? ¡Pues aún al rey David hice caer y al padre de todos los judíos, a Abraham! Yo sembré discordia en Esaú, engaño en el corazón de Jacob, y desconfianza en sí mismo en el espíritu de Moisés... ¿crees que podrás? No podrás prevalecer. Somos miles y poderosos.

María: Segura estoy de Jehová que dijo: "no es con espada ni con ejércitos sino con mi Espíritu dice el Señor".

Diablo: ¡Oh! Que golpe tan horrible.

María: Tú confías en tu ejército de fuerzas infernales, más yo en quien quiebra el arco, corta la lanza y quema los carros en el fuego.

Diablo: Pero ¿qué harás tu sola?

María: Pero dice el Señor: "Mirad a Abraham, vuestro Padre, y a Sara que os dio a luz; porque cuando no era más que uno solo lo llamé, y lo bendije y lo multipliqué".

Diablo: ...oh, no soporto esas palabras... Pero sabes que no eres de buena familia. Ni tus padres son tan piadosos. Sabes que tienes un hermano que está bajo mi poder y que puedo utilizar a tus padres para combatirte.

María: Aunque mi Padre y mi Madre me dejaren con todo Jehová me recogerá. Si mi padre me negara, si aún Abraham, de quien soy hija me ignorara. Si Jacob me diere la espalda y no me reconociere. Jehová mi Dios es mi Padre. Él es mi padre para siempre, Redentor perpetuo es su nombre.

Diablo: ¡Oh, esas palabras! ¡Esas palabras! *(Se toma la cabeza pero sin dejar de hablar dice:)* Pero puedo sembrar duda en tu corazón. Y pronto te encontrarás maldiciendo a Dios y diciendo que es un mentiroso.

María: Aunque la higuera no florezca, ni en las vides haya frutos, aunque falte el producto del olivo, y los labrados no den mantenimiento, y las ovejas sean quitadas de la majada, y no haya vacas en los corrales; con todo, yo me alegraré en Jehová, y me gozaré en el Dios de mi Salvación. Yo he confiado en mi Dios sin titubear.

Diablo: Pero ¿si Dios te desecha?

María: Jehová cumplirá su propósito en mí, porque su misericordia es para siempre. No desamparará la obra de sus manos. Y me dijo: mi sierva eres tú, te escogí y no te deseché. No temas, porque yo estoy contigo. No desmayes porque yo soy tu Dios que te esfuerzo. Siempre te ayudaré, siempre te sustentaré con la diestra de mi justicia.

Diablo: *(hincándose y tapándose los oídos como muy aturdi-*

do) ¡Cállate! De cualquier manera. Dios no quiere hacer lo que le pides. No te tiene en la mira. Es otra chica. Una chica de mucho más talento e inteligente que tú. Yo la conozco. Ves esa colina *(señala)*, ahí vive ella. Ella... *(Paseándose con desdén)*, ella... es mucho mejor que tú. Y por eso Dios la ha elegido para ver al Mesías cuando venga. Ella seguramente estará en su palacio, será de la nobleza, así como tú quieres. Tú no tienes por qué continuar pidiendo, porque ni el más humilde de los lugares te dará *(sentándose y poniendo las manos sobre la nuca)*. Yo diría... *(Pausa)*. Yo te aconsejo... *(Pausa, gritando:)* que dejes el asunto por la paz.

María: ¿De verdad?

Diablo: Sí. Lamentablemente para ti, la chica de quien te hablo se ha ganado el corazón del Señor con su gracia y perfección. ¿Crees que el Rey de Israel se fijaría en una chica tan fea como tú?

María: Bueno pues...

Diablo: ¿Acaso crees que el Rey de Israel querrá ver a diario el rostro de una persona tan detestable?

María: Pues...

Diablo: Oh, nooooo, el Rey de Israel tendrá servidores de clase real. De lo mejor... de lo mejor de TODO Israel. Tú no podrás tener un lugar en el palacio del Mesías. ¡Qué sueño más tonto! Ja, ja, ja. Porque Él elegirá para su reino a gente mucho más especial que tú. De una familia rica, prospera, opulenta... ¡de clase! Mírate a ti misma, ¿qué es lo que vistes?

Se mira el vestido, con un poco de tristeza.

María: Si, pero...

Diablo: Tú eres pobre... muy pobre... apenas si tienes para comer... ¡no seas ilusa! No pienses más en eso... ni ores más por el asunto... lo que tú piensas... ¡Es una locura! ¡No puede ser! Es el Rey de Israel... ¡No el pordiosero de Israel! Ja, ja, ja.

María: Mmmmm *(llevándose la mano a la boca, al tiempo que baja la cabeza),* pues... *(Como preocupada, más después toma espíritu y dice).* ¡NO! Dios sacó a David de la majada, de las ovejas de su padre. Dios hizo un libertador del hombre pobre de Gedeón. Dios hizo uno de los profetas más poderosos de Israel a un feo y calvo como Eliseo. Él sacó el pueblo de Israel al mando de un despreciable tartamudo. Mi Dios usó a una mujer prostituta para salvar a sus siervos los espías, y Rahab siendo la vergüenza de su familia se convirtió en su salvación. Porque Jehová es excelso y soberano y atiende al humilde y levanta del polvo al pobre y al necesitado del muladar para hacerlo príncipe de Israel. ¡Porque los pobres crecerán en alegría de Jehová, y aún los más pobres de los hombres se gozarán en el Santo de Israel!

Es entonces, después de estas palabras, que el diablo se retuerce y huye vencido de la presencia de María.

Escena III – María, la Lucha con el Mundo

<u>Escenario:</u> una pozo de agua, un paisaje al aire libre. Música típica del oriente al principio, después cambiará, según la trama.

María: *(cantando)* Alzaré mis ojos a los montes, de donde vendrá mi socorro...

María sale al escenario con un cántaro en su hombro. Se aproxima al pozo. Muestra un rostro alegre que no quitará sino hasta que las mujeres le atacan físicamente. Llegan las mujeres de Jerusalén.

Itamar: ¡Miren! ¡Miren! ¡Oh doncellas de Jerusalén! ¡Allí viene esa tontita de nuevo!

Todas: Ja, ja, ja.

Mara: ¿Qué hay contigo, María? ¿Acaso no sabías que no te permitimos venir a este pozo?

María: Ustedes no son las dueñas de este pozo. Ha sido herencia de nuestros padres, los que sirvieron a Jehová con rectitud. Y gracias a ellos el favor de nuestro Dios nos ha alcanzado hasta el día de hoy. Aguas dulces convirtió de las aguas amargas. ¡Y la hizo brotar de la quijada de un asno! En el desierto aguas, ríos en la soledad. Arroyos de aguas de las sequedades y manantiales de miel y aceite. *(Lo dice con gozo y profunda convicción).*

Judit: ¡De nuevo con tus sermones! ¿Hasta cuándo te hemos de escuchar? ¿Crees que eres Hunda... o Débora?

Todas: Ja, ja, ja.

Judit: ¿Crees que puedes hallar gracia en nuestros ojos con eso? Bien sabes que nosotros no creemos en todas esas tonterías. Vamos al templo, sí. Cumplimos con los sacrificios. Pero todo eso no es más que una religión. ¿No crees que tomas las cosas demasiado en serio?

Sulsa: *(de una forma más agresiva)* No congeniamos contigo, María, sabes una cosa: ¡Eres una mujer indeseable! ¡Jamás podrás tener amigas de verdad! Nosotras NO te queremos. *(Con voz de burla).*

Mara: Siempre que hablas... mmmm. Vuelves a hablas esas tonterías. No te engañes, eso sucedió en el pasado, ahora las cosas son MUY diferentes.

María: Mi Dios es el mismo, yo sé que Él vive y que pronto el Mesías prometido estará entre nosotros. Creo que su resplandor es tan visible, como el de cada mañana y de tanto colorido, como el de cada cielo crepuscular. Su gloria viene. Y cuando venga... ¿Saben? ¡Cuando venga el Mesías! Hará que nuestros ojos sean abiertos. El ungido de Jehová predicará buenas nuevas a los abatidos; vendará a los quebrantados de corazón; publicará... ¡Libertad! libertad a los cautivos y, ¿a los presos? Oh, hermosas mujeres de Jerusalén… ¡Él traerá apertura de la cárcel!

Mara: *(abofeteándola)* ¡Cállate! ¡Ya me tienes harta!

Itamar: No se puede contigo, María. Yo que trataba de ser buena...

Mara: Sí, todas tratamos de ser buenas contigo... Ja, Ja, Ja.

Sulsa: Sabes María. Tú nunca te casarás y serás una mujer muy infeliz, muy infeliz. Tus oraciones no tienes respuesta. Dios... no te escucha. Él se ha olvidado completamente de Israel. Cuatrocientos años hace que el último profeta murió. Desde entonces, no recibimos palabra del cielo. Mira como los sacerdotes son unos hipócritas. Ve como los hijos de ellos son unos libertinos. ¡Mira! ¡Ingenua! *(La toma de la quijada y le da vuelta a la cabeza).* ¡Mira! Date cuenta de la realidad, ¿no te percatas que el templo de Dios está hecho un mercado? ¿Qué la religión es tenida como un negocio? ¿Qué nadie obedece la ley? pero sí están allí, en la sinagoga... *(con desprecio).* ¡Pero no comprenden nada! ¡Son todos unos tontos! *(Estas últimas dos frases con suma firmeza y enfado, moviendo los brazos).* María, tú... ¡Oh, María! Goza la vida *(con orgullo y coquetería, acercándosele al oído),* por favor... No te amargues con esas cosas.

Mara: *(en tono sarcástico)* Sí, no te amargues, María. Gózate en los placeres mundanos... la vida se vive una sola vez... estás desperdiciando tu juventud.

María: Cuando venga el Mesías. El será como la roca que fue golpeada en el desierto. Ciertamente hoy estamos en medio de un desierto espiritual. Pero pronto vendrá el Mesías; y mientras Moisés como siervo de la casa de Dios hizo correr agua en la arena del desierto; nuestro Mesías como Hijo y dueño de la casa de Dios, hará correr de nuestro interior ríos de agua viva.

Yo sé en quien he creído, Mara. Yo sé en quien he creído, Sulsa, mujeres de Jerusalén... En su presencia hay plenitud de gozo, delicias a su diestra para siempre; su palabra es como miel a mi paladar y como pan a mi alma hambrienta. *(Todo lo dice con profunda convicción, con emoción, con gozo y brío).*

Judit: Muchachas, creo que hemos sido injustas con María.

Mara: Pero ¿qué estás diciendo, Judit? Siempre hemos sido siempre buenas con María... ¿verdad muchachas?

En ese momento le rompe la manga de la túnica.

Todas (excepto Judit): Ja, ja, ja, ja.

Sulsa: Pero nosotros somos mujeres judías. Hijas de Abraham. De la tribu de Judá. ¿No es la más gloriosa de las tribus? Y viene ésta a creerse más que nosotras... ¿Cómo ven muchachas? *(Paseándose por el escenario).*

Todas: No es justo, eso no puede ser. No.

Sulsa: María no tiene derecho a creerse más que nosotras. Porque le va a ir mal. ¿O no?

Todas: ¡Sí! Le va a ir mal, muy mal. *(Todas en distintos tiempos).*

Sulsa: Cree que con su carita de niña buena y con sus palabras sacadas de las Escrituras va a conseguir todo. Pero no cuenta con que nosotras somos MUY... buenas *(En ese momento la despeina).*

Judit: ¡Esperen muchachas! No vayamos a cometer una barbaridad con esta mujer.

Mara: ¡Tu cállate, Judit!

Mara: Es verdad. María se cree superior a nosotras. Cree que se casará. Ja, ja... con el Mesías...

Todas: Ja, ja, ja, ja.

Itamar: María, eres una mujer que no sirve para nada, ni para cuidar su cántaro...

En ese momento le da una patada al cántaro y lo quiebra.

Después de esto todas se le abalanzan encima y hacen como que la golpean y rasguñan y después corren y la dejan llorando. Después de esto aparece en escena el Ángel de Jehová. Vestido de blanco, mas no con alas. En la música se deberá poner atención para que se escuchen como coros de ángeles.

Ángel de Jehová: ¿Porque lloras mujer, bendita de Jehová?

María: *(todo lo dice llorando)* ¿Bendita? Bendita no, sino despreciada. Mi nombre debió haber sido llanto y menosprecio. ¡Todo por servir a mi Dios!

Ángel de Jehová: ¿No es mi palabra como fuego y como martillo que quebranta la piedra? Por eso se disgustan contigo porque los que quieren servir rectamente para con Dios padecerán por causa de mi Nombre, pero son bienaventurados.

María: *(todo lo dice llorando)* No. ¡No, mi Señor! Sino más bienaventurados son los soberbios y los que hacen impiedad, no solo son prosperados, sino que tentaron a Dios y escaparon.

Ángel de Jehová: Más sabes María que tu nombre está escrito en el libro de Memorias de Dios junto con todos los que piensan en el Nombre de Jehová. Tú eres para mí especial tesoro, dice Jehová de los ejércitos.

María: Pero mi Señor, han blasfemado el nombre de mi Dios y le han tenido en poco, han hecho burla de tu sierva.

Ángel de Jehová: Mientras ellas se reían de ti, el Señor se reía de ellas. El que mora en los cielos se reirá en su calamidad. Porque ha dicho: Mía es la venganza, yo pagare, dice el Señor.

María: *(llora)* Señor todo ha sido porque la palabra de Dios está en mi boca... he tratado de sufrirla, pero no he podido. Y he dicho: No me acordaré más de él, no hablaré más en su nombre; no obstante había en mi corazón como un fuego ardiente metido en mis huesos; traté de sufrirlo y no pude. *(María continua con la cabeza abajo, lloriqueando).*

Ángel de Jehová: Pídeme y te daré por herencia las naciones y como posesión tuya los confines de la tierra.

María: Señor, creo que pronto vendrá el Mesías, él me hará comprender todas las cosas. Creo en él. Creo en el libertador y emancipador de mi pueblo que con su cetro de justicia juzgará. Pero no con la vista de sus ojos, ni con lo que oigan sus oídos sino que juzgará con justicia... Él nos traerá salvación y liberación de la tiranía de los corazones malvados.

Ángel de Jehová: Mujer, ten confianza. Declárame. Pídeme lo que quieras que yo te dé.

María: Señor, aunque pecadora soy, deseo que tu prosperes a tu Sierva y me concedas ver al Mesías cuando venga, tenerle cerca para escucharle a diario y estar en su palacio para siempre.

María: Pero, Señor, ¿Quién eres tú?

Ángel de Jehová: YO SOY el que soy, el Ángel de Jehová.

María: *(tarda un poco en subir la cabeza)* ¿Cómo? *(llena de asombro y gozo)* ¡El Ángel de Jehová!

Pero el Ángel de Jehová se retira antes de que levante la cabeza y cuando María quiere verle ya no está.

María: *(ora)* Gracias oh Padre, porque mis oídos han escuchado tu voz. Esa voz como estruendo de muchas aguas que es obedecida por ejércitos de millones de millones. Por eso tu eres llamado para siempre, Jehová... de... los Ejércitos *(con suavidad y profundidad. Ahora con fuerza:)* Jehová, Salvación de Israel, mirad a Él y todos los confines de la tierra sean salvos. *(Ahora baja la voz y la hace más solemne:)* Como yo lo he sido en este día. Para un propósito eterno *(Ora hincada con las manos en alto)*.

Escena IV – Una Boda Frustrada

Escenario: María y José salen de los lados opuestos del escenario y se encuentran en el centro. Se dan un abrazo muy suave y es entonces cuando comienzan a conversar. Se requiere que los actores hablen con mucha emotividad.

José: *(con brío)* ¡María!

María: *(con brío)* ¡José!

Se toman de las manos en medio del escenario, después se sueltan y conversan.

José: *(con gran gozo)* ¡Eres virtuosa entre las mujeres!

María: ¡Dios esté contigo José! ¡Me has venido a visitar esta bella tarde!

José: ¡Sí! Mira como aún los rayos del sol se trazan en lo infinito del cielo... y al jugar con tu cabello *(toca suavemente el cabello de María)* se alejan sin detenerse... ¡porque se van, María! La luz se desvanece sin dejar rastro alguno, como si fuese absorbida por un gigantesco suspiro que da el occidente.

María: *(con suavidad, tocándose a sí misma su cabello)* ¿Mi cabello? ¿La luz? *(con suavidad)* ¿La luz? ¡Oh, si la luz! *(con brío).*

José: ¿Tus padres están de acuerdo con lo nuestro?

María: Oh, José que haría yo si no lo estuviesen, creo que loca me volvería. Pero enfermedad tendría por tener que olvidarte.

José: Dios nos ha encontrado... María, del mismo pueblo, de la misma tribu... ambos somos de la tribu de Judá. Judá, cachorro de León. No se quitará el cetro de Judá, ni el legislador de entre sus pies...

María: Bendito sea Judá. La vara reverdecerá, las raíces serán vueltas a la vida, el sol volverá a nacer y el trono será restaurado para siempre.

José: *(con gozo)* ¡Pero María, que hermoso hablas! ¡Qué privilegio haber encontrado una mujer tan llena de Dios entre las vanas y mundanas doncellas de Israel! Mientras yo, un rustico carpintero descendiente de David. ¡Oh, es increíble, María! Si tú eres la más linda y perfecta de las mujeres, creo que bien podrías haber tenido el nombre de Sara. Como ella, la madre de nuestra amada nación de Israel... amada... muy amada... pero ahora... abandonada por Dios... *(Con un tono de tristeza al final).*

María: Abandonada no, disciplinada sí. Pero como lo dice el proverbio ha hecho Jehová con nosotros. No debemos menospreciar su corrección ni fatigarnos de ella, porque como a hijos nos ha tratado el Todopoderoso. Ya lo ha dicho el profeta: "Por un breve momento te abandoné, pero te recogeré con grandes misericordias". José, Dios extiende sus alas majestuosas y se apresura a socorrernos. Ya escucho sus aleteos sigilosos; como un Rey imponente aplastará a nuestros enemigos y como en los días de Barac, de Gedeón y Jefté, Dios nos hace ver el esplendor de su victoria. *(Con fogosidad).*

José: *(con ternura)* No me he equivocado contigo, amada mía. Eres como la paloma que trae buenas nuevas, como el viento que augura la lluvia para regar los campos, como el rocío que humedece los lirios en los valles secos, como el pozo de Jacob que ha sacado a nuestros padres y a nosotros. Luz de mis pupilas y sueño de mis sueños.

María: Dios ha querido que nos conociéramos y ese ha sido el cumplimiento de un bello anhelo.

José: *(con mucho entusiasmo)* Nuestras familias son humildes. Pero Dios nos trae su consuelo. Son pobres, pero enaltecidas con el conocimiento de Jehová de los ejércitos. Y cuando sea restaurado el reino de David nuestro padre. La tierra que yace bajo nuestros pies volverá a ser nuestra herencia eterna y la mano de Jehová está en esto.

María: ¡José! quiero contarte algo.

José: Adelante, dime lo quieras. *(Asiste con la cabeza).*

María: Hace algún tiempo tuve una experiencia maravillosa, después de un trago amargo con las hijas de Jerusalén, quienes me humillaron...

José: ¡Pero que estás diciendo, María! ¡Miserables mujeres, hijas de Belcebú! ¿Qué fue lo que te hicieron, mi linda María? *(Se sobresalta, se mueve agitadamente, como con enfado, lo último lo dice con ternura).*

María: Eso no es lo que quiero contarte, José... yo quedé en el piso llorando, ¡pero algo extraordinario sucedió! Jehová envió un ángel para consolarme. Yo, María, que soy carne y sangre, una pecadora que necesita perdón y que si no fuese por la misericordia de Dios estuviese ya en el infierno. ¡Tuve ese privilegio! Realmente no comprendo los caminos del Señor.

José: ¡Pero como, María! ¡Eso es majestuoso! y ¿Qué sucedió?

María: Yo no le vi. Pero me dijo que era el Ángel de Jehová. José, créeme ¡hablaba como si fuera Dios mismo! *(Con sonrisa, pausa pequeña).* Y me dijo que le pidiera lo que yo quisiera... entonces le dije: "Señor, no soy nada, pero concédeme ver al Mesías. Señor, un gusano soy en tu presencia, pero quiero vivir en su palacio, escucharle a diario, comer de su mesa y que mi alma beba de la fuente de su sabiduría ¡Oh que palabras de paz y vida no traerá!" *(Con mucha emoción, casi llorando).*

José: ¡Pero que petición! ¿Y qué te contestó María? *(Pregunta con gran entusiasmo y deseo vehemente por conocer pronto la respuesta).*

María: Nada, no me contestó absolutamente nada... *(Pausa).* José... sin embargo, siento en mi corazón que Dios hará algo extraordinario en mí. *(Con solemnidad).*

José: Sea lo que Dios quiera. *(Con un poco de incredulidad).*

No entiendo como pueda ser esto, pero... nada hay imposible para Dios. Pero entonces, *(con tristeza y desgano)* tu esposo tiene que ser de la nobleza, de lo más selecto de Israel... y yo... oh, soy un tonto *(Se golpea con el puño la cabeza)*. ¿Qué intento hacer? *(Esto último lo dice para sí mismo, alzando un poco las manos)*. María, ahora comprendo... comprendo que jamás aceptarías casarte conmigo... *(Como lloriqueando)*.

María: ¿Cómo? ¿Casarme contigo? ¡Pero José! ¿Qué es lo que estás diciendo? ¡Dios mío! *(Hace todo tipo de expresiones de mucha emoción)*. ¡Dios santo! ¿Quieres que me case contigo?

José: Sí, he venido a proponerte matrimonio... ¡Oh, María! *(Como un poco sorprendido y nervioso)*. ¿Quieres?

María: ¡Pero por Dios, José! Sólo déjame pensarlo. Eso lleva tiempo. No son decisiones tan fáciles, tu sabes tengo que analizarlo bien, detenidamente; dame tiempo... José, dame tiempo, tiempo, necesito tiempo, tiempo... tiempo... Si, ¡eso es! para poner en orden mis pensamientos... para poder tomar una decisión acertada... tiempo... tiempo.

¡Sí! Un poco más de tiempo... tú sabes, necesito pesarlo en la balanza, tiempo, tiempo, tiempo... a ver... *(Todo lo anterior lo dice rápido, moviéndose de un lado a otro como muy nerviosa)*. Uno, dos, tres, cuatro, cinco... ¡Ya lo he pensado! *(Ahora con voz a velocidad normal)*. ¡SÍ! Sí quiero casarme contigo, José.

José: ¡María! *(La toma de las manos)*.

María: Créeme José que he orado mucho a Dios con respecto a ti, le he dicho que me he enamorado. José, yo me he enamorado de ti. Mis padres están de acuerdo y mi Dios lo está. *(En tono alegre y solemne a la vez)*.

José: *(Saca un anillo, lo introduce en uno de los dedos de María y dice)*. Toma, usa este anillo. María, con este anillo te desposo y te hago mi prometida, para que pronto te conviertas en mi esposa para toda la vida.

María: ¡Pero José, es bellísimo!

Transcurren alrededor de cinco segundos, María contemplando el anillo y sonriendo a José. José mirando el rostro de María. Transcurrido ese tiempo, aparece un personaje denominado "Deudor" con dos guardias pagados.

Acreedor: ¿José, hijo de Jacob?

José: Sí, yo soy. Yo soy José. ¿En qué puedo ayudarte?

Acreedor: He venido por ti.

José: No entiendo, ¿De se trata? ¿Me Podrían explicar?

Acreedor: José, no quisiera hacer esto, pero sabes que tu familia me debe mucho dinero y no me ha podido pagar. Yo ya los esperé mucho tiempo y, pues... no puedo esperar más... por lo que no me queda más remedio que tomarte a ti como esclavo.

María: ¿Cómo esclavo? ¡Esto no puede ser! ¡José se va a casar conmigo! ¡No estarás hablando en serio!

Acreedor: Yo quisiera que todo esto no fuera en serio, mujer. En verdad desearía esto no estuviera pasando. Pero no es una broma, tengo que llevarme a José, tengo que hacerlo. *(En tono enérgico, con voz alzada. Saca el látigo y dice:)* Vamos, que esperan *(le dice a la guardia:)* ¡Apréndanlo! *(empieza a agitar el látigo:)* ¡Apréndanlo! *(El guardia lo toma de los brazos y empiezan a hacer fuerza)* ¡Tienes que irte conmigo José!

María: Usted es muy cruel Señor *(empieza a lloriquear)*. ¿Qué no podría esperar un poco más? Sólo un poco más. ¿Acaso no puede perdonar la deuda a esta familia necesitada?

Acreedor: ¿Perdonar la deuda? Ja, ja, ja *(ríe cruelmente)*. ¡Qué tontería!

María: ¿No conoce la ley de Dios? ¿No sabe que quien tiene misericordia del pobre alcanzará misericordia del Altísimo? ¿No sabe que las Escrituras dicen que quien oprimiere al menesteroso recibirá el terror de Dios y no vivirá? *(Con voz suplicante).*

Acreedor: *(en tono de muy enfado)* ¡Ya he esperado mucho! *(agitando el látigo).* ¡No puedo esperar un minuto más¡ ¡Ni un sólo minuto más! Por este hombre me pueden dar algo de dinero en el mercado de esclavos para al menos pagar una pequeña parte de la deuda.

María: *(con firmeza y enojo a la vez)* ¡No podrá hacer eso!

Acreedor: ¡Claro que puedo! Guardias, llévenselo.

María: No, No, ¡no se lo llevarán! ¡No se lo llevarán! *(Hace fuerza con los guardias y con el deudor).* ¡José me ha prometido matrimonio! ¡No se lo llevarán! ¡Déjenlo! ¡Déjenlo!

José: María, tienen razón, mi familia tiene que pagar esa deuda. Tengo que ir con ellos. *(Con todo de tristeza).*

María: *(llorando)* ¡No! ¡No! ¡Yo la pagaré!

José: María, tu tampoco tienes dinero.

María: *(con voz suplicante y llorosa)* Llévenme a mí, por mi darán más, llévenme a mí.

José: Estas loca, María, no sabes lo que dices... más bien debes de orar. Ora, María, ora... Dios tiene un propósito eterno en todo esto *(Con voz de sobresalto y entrecortada por la agitación).* Quizá no te veré más, pero siempre sabrás que te amo. Te amo, María. ¡Te amooooooo! *(Se llevan a José y sólo su voz queda en el escenario).*

María: *(se queda María en el piso llorando)* ¡No, no, no se lo lleven! ¡Por el amor de Dios! ¡No se lo lleven! ¡Yo trabajaré para pagar! ¡No se lo lleven! ¡Es mi prometido! ¡Mi José! Joseee... Joseeeee... *(Se queda triste y llorando vehementemente).*

Palabras atrás del Telón – La venta de José

Se escucha de fondo el ruido de un mercado y música típica de Arabia.

Vendedor: ¡Por fin ha llegado la hora esperada por todos! ¡La subastaaaaaa...... deeeee... esclavooooos! En esta ocasión traemos esclavos de toooodo el mundo. Traemos esclavos del Lejano Oriente, esclavooooos... del África, traemos esclavos de las zonas templadas del mediteeeerraneo y de... palestinaaaaa! *(Todo lo que dice lo dice con el tono de un anunciador de circo).*

Es difícil escoger para empezar porque todos estos hombres son... ¡los mejor esclavos del mundo! *(Como en voz más baja).* ¿Sabían ustedes que aún lo peor del "Gran Mercado de Esclavos de Atenas", es lo mejor en todo el resto del mundo? Pues mírenlo ustedes mismos. Miren lo robusto que está este hombre. Hombre joven. Apto para todas las labores domésticas y trabajos pesados. Mírenlo. ¿Ven cómo es un hombre sano y fuerte? ¡Mírenlo! ¡Mírenlo! ¡Proveniente de las prósperas tierras de palestina! Hombre muy Joven, de menos de 30 años. ¡Mírenlo ustedes mismos! La subasta ha em-pe-zan-do... empecemos con 30 piezas de plata. 30 piezas de plata es el precio base para este hombre. ¡Vamos, señores! ¡No permitirán que otras naciones gocen de estos esclavos perfectos! ¡Serán los griegos quienes disfruten de ellos!

¡Quién da más! ¡Quién da más! Aquí el distinguido señor vestido de púrpura... ¿Cuándo da por este hombre, mi buen Señor?

Voz masculina (1): ¡32 piezas de plata!

Vendedor: ¡Pero Señores! Este hombre no vale tan poco, mírenlo bien. ¡A ver muchacho! ¡Gira tu cuerpo otra vez, para que el público te vea! ¡Vamos! ¡Hazlo! *(Se escucha un látigo).* ¡Quién da más! ¡Quién da más! Un hombre educado por los prósperos habitantes de medio oriente. ¡Oh, que están viendo mis ojos! Ah sí, el distinguido señor que ha levantado su mano a mi izquierda! Dígame, mi Señor, ¿dará menos de 40 piezas de plata por este hombre?

Voz Masculina (2): ¡33 piezas de plata!

Vendedor: Pero ¿qué es esto? ¡Es una miseria! Hombre para toda una vida de servidumbre. ¿Quién da? ¿Quién da más? ¿Quién da más? 33 piezas de plata... 33 a la una... 33 a las dos... ¡Ooooh, alto! ¡Muy bien! El distinguido señor de mi derecha...

Voz masculina (3): ¡34 piezas de plata!

Vendedor: ¿Quién da más? ¿Quién da más? La Gran Subasta de Esclavos de Atenas vende sólo esclavos con perfecto estado físico y fortaleza. ¿34 piezas de plata? Oh, vamos, aún es muy poco... ¡Vamos señores! No se arrepentirán de esta magnífica compra... ¡Yo sé que hay alguien más que quiere ofrecer! ¡Vamos! ¡Vamos! ¡Alguien más! ¿No hay nadie más? ¿No hay nadie más? 34 piezas de plata a la una... 34 piezas de plata a las dos... *(Pausa).* 34-Piezas-de-Plata... a las tres... Vendido a este distinguido Señor por 34 piezas de plata... el que sigue... este es un hombre robusto traído del Lejano Oriente, le hemos traído haciendo ejercicio en las galeras para que se mantuviera en perfecto estado físico...

Van bajando el sonido hasta que se hace imperceptible.

Escena V – Un Esclavo por la Vida

Escenario: la casa del rico griego que compró a José como esclavo. Una cama lujosa y al pie de ella un ídolo construido de tamaño natural.

Griego: *(Hablando para sí mismo, dando vueltas por el escenario, haciendo los movimientos con las manos propios del diálogo).* Ese José es tan buen siervo, tan obediente, tan sumiso *(en tono despectivo).* Hace todo lo que le digo sin renegar... mmmmm *(como un gruñido)*. Es tan diferente a los demás esclavos, porque los demás hacen las cosas a regañadientes y casi siempre tengo que latiguearlos para que me obedezcan. *(Con todo de enfado y haciendo dando latigazos al viento)*. Más con José *(baja la voz)* ¡no puedo hacerlo! ¡Nunca me ha dado ningún motivo! *(estas últimas frases con voz áspera y gritando)*. Pero en realidad desde que supe que era judío le tengo un odio... un odio que me carcome por dentro *(empuñando las manos y con ira)*. Porque esos judíos... ¡cómo no me dijeron que era judío! Si lo hubieran sabido no lo compraba, porque desde niño he odiado a los judíos…

¡Cómo quisiera golpearlo hasta que se muera! Pero, ¡no! ¡No lo puedo golpear! ¡No tengo ninguna excusa! Pero cómo me gustaría hacerlo; cómo me gustaría descargar el peso de mi ira sobre ese miserable hombre. Pues qué más da... ¡Sí lo golpearé hasta el cansancio como hago con los demás!... sin más ni más, si yo soy dueño de esta casa *(todo esto gritando; esto último golpeándose con orgullo el pecho; en lo que sigue baja la voz, llevándose las manos a la cabeza)*. ¡Ah! no, no lo puedo hacer así nada más, que van a decir, que yo, uno de los más honorables integrantes de la raza griega, la más culta del mundo... ¿Está loco? ¡No! tiene que haber algo... algo... me tiene que desobedecer en alguna orden.

¡Mofat! ¡Mofat! ¡Mofat! Porque no vienes condenado lamebotas...

Mofat: Dígame señor *(cuando lo dice hace reverencia y con voz temblorosa)*, en que puedo servir a mi señor.

Griego: Mofat *(con tono misterioso y astuto)* dime una cosa... ¿José tiene algún oficio? Alguno que haya aprendido en su tierra... dime... tú que convives más con él.

Mofat: No señor, no se mucho sobre su vida, yo platico poco... soy de pocas palabras, señor *(con voz temerosa)*.

Griego: *(lo toma del cuello y lo estruja diciendo:)* Dímelo, yo sé que tú sabes más sobre José... ¡Dímelo! sino te voy a mandar matar ahora mismo.

Mofat: *(continúa la voz temblorosa)* ¿Matar? ¡NO! No lo haga mí, Señor, por favor, se lo suplico, yo lo único que sé es que sabe el oficio de carpintero.

Griego: *(aventando a Mofat al piso)* Carpintero... *(Con las manos en la barbilla).* Mmmm... carpintero... ya se me ocurrirá algo. Lárgate de aquí, vete, no te quiero ver más.

En el instante Mofat se levanta y sale corriendo. El griego se queda pensativo, se sienta en una mesa, como que piensa, deja pasar un par de segundos y hace una expresión, sin exagerar, que se le ha ocurrido algo y dice:

Griego: Y es judío... ¡Mofat! ¡Mofat! ¡Ven aquí de inmediato!

Viene Mofat.

Griego: Tráeme a José… Pero muévete, rápido.

Mofat corre, y sólo pasan un par de segundos cuando trae a José, mientras pasan esos segundos, algo dice el griego entre dientes, como amenazas y maldición contra José.

Griego: José, mi siervo amado *(como voz dulce, pero con tono hipócrita, con la cabeza levantada y el cuello erguido y estirado, en tono orgulloso),* mientras que fuiste tú el siervo que compré a más bajo precio, has sido el que más me ha servido. Realmente no tengo ninguna queja de ti *(pausa).*

Sabes, José... tú ves que a los demás golpeo. Pero aunque muchos lo nieguen, yo soy... un justo, por eso a ti no te he golpeado porque no tengo ninguna razón para hacerlo. Por cierto, he meditado en que debo de premiarte. Sí, prémiate. Lo has escuchado bien.

Quizá estás pensando cómo un hombre tan malo y mezquino como yo puede premiar a alguien. Pero quiero decirte que tú me has ganado el corazón. Y verás que todo lo que dicen de mí no es verdad, sino que yo soy bueno con los siervos buenos. No es verdad que tengo un corazón sucio que únicamente maquila maldad. ¡Oh, No! José... en realidad... hasta he llegado a amarte, tengo tanto aprecio por ti… que casi te puedo asegurar que si mi esposa viviera, te la regalaría... ¡Oh! Pero... ¿qué he dicho? *(Tapándose la boca con su mano)*. Esas palabras son de un impío. ¡Sí! Así les dicen ustedes a los que no son judíos, ¿verdad? Lo que es más, he oído que los judíos llaman perros a los... ¿cómo? ¡Gentiles! pero... no es justo... acaso yo soy un perro... Dime... ¿Yo? ¿Soy un perro, José? ¡Dímelo! ¿Soy un miserable y estúpido perro, José?

En las frases anteriores se va gradualmente aumentando el tono de la voz, hasta que llega a un tono de enfado moderado. José, en tanto, se queda callado, el griego continúa hablando.

Griego: ¡Tú! ¡Más bien, tú eres el Perro! *(Apuntado y pegando con el dedo índice en el pecho de José)*. ¡Tú eres un perro! ¡Un despreciable Perro! Ja, ja, ja, ja, ja, ja *(ahora, como volviendo a la compostura, dice:)* No lo tomes en cuenta, solo es una broma *(le palmea la espalda)* un pequeña broma...

José: ¿Qué quiere de mí?

Griego: Tú haces todo lo que yo te pido. Siempre lo has hecho... ¿No es así?

José: *(con voz mansa)* Yo estoy aquí para obedecerle mientras sea su esclavo.

Griego: Pues bien, te voy a pedir algo muy sencillo que seguro me tendrás listo rápido, así como todo lo demás... José *(y en ese momento sube la voz, con un tono de mucha autoridad)* ¡quiero que me hagas una ídolo de madera como ese!

En ese momento apunta al ídolo que tiene al pie de su cama. José, se queda helado, sin decir una sola palabra.

Griego: ¡Vamos, José, que está pasando contigo! ¿No eres el siervo más obediente y sumiso de todos?

José: No podré hacerlo, Señor. No... No puedo hacerlo.

Griego: *(con tono muy airado)* ¿Cómo que no puedes hacerlo? ¡Tienes que hacerlo! ¡Te lo estoy ordenando! ¡No olvides que tú eres mi esclavo!

José: Sí, lo soy, pero hay Alguien en el cielo a quien temo y no puedo hacer lo que me pide.

Griego: ¡Tienes que hacerlo! ¡Tienes que hacerlo! Mofat, tráeme mi látigo... *(Mofat, se mueve temblorosamente).* ¡Mofat!

Mofat: *(trae de alguna parte del escenario el látigo y se lo da al Griego)* Aquí tiene señor, ya me voy.

Griego: *(gritando)* ¡No te he dicho que te vayas aún!

Griego: Bueno, si no quieres hacerme el ídolo quiero informarte que nadie en esta casa puede dejar de adorar al que tengo aquí. Así es que inclínate y adóralo ahora mismo. *(Como mostrando el látigo amenazante).* Vamos, que esperas… ¡Adóralo!

José no se mueve y entonces el griego empieza a golpearle.

Griego: ¡Adóralo! ¡Adóralo! ¡Adóralo, miserable judío! *(Lo golpea tanto que José cae).* Así, así te quería ver, miserable... ¡Con que llamar a los griegos perros! La raza más inteligente y culta de la tierra... ¡Te arrepentirás de llamarnos así! Ja, ja, ja *(continúa golpeando, mientras ríe).*

Mofat: *(sujetándole los brazos)* ¡Basta, Señor, lo va a matar! ¡Lo va a matar! ¡Se ha vuelto loco! ¡Se ha vuelto loco! *(Por fin lo deja de golpear).*

Griego: Llévatelo, no quiero ver a esta piltrafa... *(Con tono despreciativo, haciendo ademanes con las manos).*

Griego: *(queda solo)* Ahora sí, podré dormir tranquilo. Por fin he logrado mi deseo. Este ha sido un día estupendo. Le di su merecido. ¡Soy un genio! ¡Soy un genio! Si viviera mi esposa me halagaría... no estoy loco... ¡más bien soy un genio! ¡Un genio! ja, ja, ja... ¡Un súper genio!

Al decir eso se acuesta en la cama y sigue repitiendo las mismas palabras. Se apaga la luz del escenario, solo se deja una luz tenue para evitar la oscuridad plena. Después de esto se escucha como un temblor. Cuando se escucha el temblor el ídolo se empieza a mover de un lado a otro... hasta que una persona que debe estar dentro del ídolo lo rompe en mil pedazos de dentro. Este debe estar vestido de negro y con una máscara horrible. Rompe el ídolo al salir de él, cruza el escenario rápidamente y sale. Corre como huyendo desesperadamente. Inmediatamente después de esto, una luz se ve en el escenario y se escucha una voz. El griego despertó sobresaltado desde que se escucha el temblor; el resto del tiempo ha estado como petrificado y lleno de miedo.

Voz: ¿Qué es lo que has hecho, Artímides?

Griego: *(con voz de mucho miedo)* ¿Quién eres tú, Señor?

Voz: Yo soy el Todopoderoso, el Dios de José, mi siervo, al que tú has humillado y afrentado.

Griego: *(continúa hablando con la misma voz temerosa)* No quise hacerlo, Señor, por favor, perdóname... perdóname *(llora de miedo).*

Voz: Por esto que has hecho. he aquí que maldigo tu casa. Tu familia vivirá en la miseria, y tú morirás hoy mismo.

Griego: Pero, Señor... ten misericordia de mí. *(Se postra).* ¡Ten misericordia de mí! ¡Reconozco que he pecado contra ti y contra tu siervo! ¡Por favor, dame otra oportunidad! ¡Te pido que me des otra oportunidad! *(Llora).* Por favor... ¡no quiero morir!... ¡No quiero morir!

Voz: Únicamente te perdonaré la vida si mi siervo José ora por ti...

Desaparece la luz y aparece la luz normal del escenario, el griego continúa llorando en el piso, después, así hincado como está, después de llorar unos cuantos segundos, grita:

Griego: ¡Mofat, Mofat! ¡Ven! Ven pronto por favor... *(Se *duele de un dolor en el pecho, como si le estuviera dando un ataque al corazón).* ¡Me muero! ¡Me muero!

Mofat: *(con la misma voz temblorosa y la reverencia)* Que desea mi Señor...

Griego: No tengas temor, Mofat, trae a José.

Mofat: ¿A José? José está con los animales afuera de la casa...

Griego: Mofat, te suplico que lo traigas...

Mofat: *(con clara expresión de contrariedad por la actitud de su amo)* Muy bien, Señor, será como ha dicho.

En un par de segundos trae a José todo ensangrentado, con la ropa raída.

Griego: *(toma el látigo y cuando llega José le dice:)* José... siervo, del Dios Altísimo, yo merezco la muerte por haberte hecho este grande mal... *(Se hinca ante él y le da el látigo)* anda, golpéame tu a mí, golpéame.

José: *(toma el látigo en su mano, después lo avienta al piso y cuando le ve postrado delante de él, le dice:)* Levántese mi Señor, yo estoy aquí porque mi Dios así lo ha permitido. Dios tiene un propósito eterno en todo lo que pasa en mi vida.

Griego: *(se levanta)* Ahora mi vida está en tu mano. Puedes dejármela o quitármela... El Dios todopoderoso me ha hablado y no viviré si tú no oras por mí... *(Llora, mientras se lleva las manos a la cabeza).* Perdóname José... Perdóname...

José: *(pone las manos sobre él y dice:)* Padre, dador de todo bien sobre la tierra. Tu mano me ha traído hasta este lugar. Tú me preparas para un propósito eterno y estoy en tu presencia todo el día, todos los días. Estoy en tu voluntad perfecta. Mira este hombre que ha pecado contra ti. Ten misericordia de él, te lo suplico. Trae a tu memoria todas las misericordias que has hecho conmigo y en esa misma medida has con este varón. Has misericordia a mi amo, a quien tu amor me hace amar. Amén.

Griego: Gracias... muchas gracias... y ya no me llames más "amo" porque desde este momento, José, eres libre... desde hoy eres libre... vete, toma tu camino, y... mira, ten este presente para el viaje *(le da de un cofre, joyas)*, y viste también mi manto *(se quita de sobre si un manto de apariencia muy lujosa y viste a José con él)*. Vete, José, eres un hombre libre... libre... libre...

José: ¿Libre? *(Alza sus manos al cielo).* ¡Oh, gracias, Señor, gracias porque tú me has dado libertad! ¡Soy libre! *(Gritando con fuerza, saltando, moviendo los brazos con gran emoción).* ¡Soy libre! ¡Soy libre!

José corre fuera del escenario, con un rostro de gran alegría.

Griego: ¡Mofat!

Mofat: ¡No me golpee, por favor, mi amo! ¡Tenga piedad de este miserable! *(Se hinca, como suplicando, temblado de miedo).*

Griego: Mofat, levántate, he decidido dar la libertad a todos mis esclavos; así es que corre, dile a todos que tomen sus cosas ahora mismo y se vayan... ¡Corre, Mofat! ¡Este es un día de libertad!

Mofat: *(como contrariado y muy nervioso)* ¿Cómo? Pero...

Griego: Vamos, te suplico con toda mi alma que corras, Mofat; Corre... ¡Este es un día de libertad!

En ese momento Mofat sale corriendo fuera del escenario con gran prontitud.

Griego: *(hincado, alza sus manos al cielo)* Oh, Dios del Cielo y de la tierra, he comprendido que no hay Dios sino tú. Porque sobre todos los reyes estás y sobre todos los señores gobiernas. Altísimo Señor, desde hoy, yo y mi casa serviremos a Jehová. Y ese Mesías del que José tanto hablaba, es ahora también mi Salvador. Recibe mi corazón. Y hasta el último suspiro de mi alma yo te adoraré porque errante y confundido pecador fui. En lo fangoso de la maldad ahogándome estuve, más tu luz ha brillado. ¡Ha brillado! en lo más oscuro y bajo de mi perversión. Y por tu gran misericordia he sido perdonado, rescatado y vuelto a la vida. Soy un hombre nuevo.

Nota del Autor: *este es un buen momento para que pase el ministro y tome la frase: "¡Este es un día de libertad!", para dar un breve mensaje y haga el llamado a aceptar a Cristo. Después de hacer el llamado y que la gente recibe al Señor, el drama puede continuar...*

Escena VI - La Aparente Deshonra

Escenario: el escenario es una típica habitación judía. El diálogo que desarrolla José con el diablo es en su mente, por lo que en su actuación nunca le ve de frente. El cuadro presentado por el diablo es un pensamiento. Una guerra en la mente de José.

José entra a la escena de un costado, notablemente exaltado.

José: ¿Pero cómo puede ser posible? ¡Siendo María tan limpia y tan pura! ¡Yo que creí haberla encontrado en el jardín de las mujeres virtuosas! *(Golpea la mesa con brusquedad).* ¡No sé qué ha ocurrido con ella! *(Se queda un instante meditando).* Quizá alguien... No, pero... es posible que *(baja la voz, como la expresión de una posibilidad. Ahora con firmeza).* ¡No, eso no! Habría sido notorio… no, eso no pudo haber sido... entonces, ¿qué? ¡Dios mío! No tengo claridad; estoy muy confundido *(Se lleva las manos a la nuca).* ¿Qué debo hacer? No entiendo nada. ¡No entiendo nada! *(Grita como desesperado).*

Diablo: Yo si lo entiendo. Tu hermosa desposada te ha fallado. *(Como susurrante, yendo al oído de José).*

José: ¡No! ¡No puede ser, ella no haría tal cosa! *(Gritando alterado).*

Diablo: Eso es lo que tú crees, pero tu estuviste lejos, fuiste un esclavo en tierra extraña, ella pensó que jamás volverías y, pues... fue débil. *(Dice sus frases con arrogancia).*

José: ¿María? No, no lo creo, ¡Ella es una mujer llena de Dios! *(Pausa).* Aunque *(dicho con cierta duda, lleva su mano a la barbilla)* no deja de ser un ser humano y nadie estamos exentos de errores, pero... ¡No sé! ¡No sé! ¡No quiero ni pensar en esa posibilidad!

Diablo: Si que deberías de pensar... Mira José, observa el cuadro que presentaré en tu mente... imagina esto... imagina esto... ¡Imagínalo! *(La última frase con fuerza. Luego extiende los brazos como presentando y dando el pase a una turba de gente con piedras en las manos gritando y vociferando).*

Se aparece una turba de gente con María atada por las manos y brazos.

Populacho 1: ¡José! ¡Mira, encontramos a tu mujer! ¡Ella ha caído en adulterio! ¡Mírala! ¡Está encinta!

Populacho 2: La ley de Moisés dice que debemos de lapidarla.

Populacho 3: Nosotros cumplimos al pie de la letra la ley de Moisés. Debemos de hacerlo, por bien de nuestra nación.

Populacho 1: No debemos de permitir que mujeres como esta estén entre nosotros. ¡Es una pecadora!

Todos: Sí, sí, ¡es una pecadora!, ¡es una pecadora! Merece morir, matémosla.

Populacho 2: *(dirigiéndose a José, quien está sentado, con las manos en su cabeza, la cual mantiene inclinada, porque todo esto es producto de un pensamiento puesto por Satanás)* Tú puedes o no tomar parte con nosotros, más sabrás que es un mandamiento, tenemos que seguir la letra de la ley... la mujer que adulterare... debe morir *(con firmeza).*

Todos: ¡Sí! ¡Debe morir! ¡Debe morir!

Populacho 3: ¡Así aprenderán los demás que no debe haber esta clase de mujeres corrientes entre los judíos!

Después de esto, la avientan al piso, de tal manera que llegue a una distancia suficiente de la turba como para poder arrojarle piedras. Lo hacen y María que primero está de pie, se empieza a caer hasta que cae al piso y ya no se mueve.

Todos: ¡Qué muera! ¡Qué muera! ¡Mátenla! ¡Mátenla! ¡Merece morir!

Hacen un griterío cuya voz inicia con un volumen alto, para después hacerse más bajo hasta imperceptible, después alguien arrastra a María fuera del escenario y todos desaparecen, gritando en voz baja y con los brazos en alto, como maldiciendo.

Diablo: ¡Qué bello panorama! Esto no se puede quedar así. Tú tienes que hacer efectivos tus derechos. La ley de Moisés te autoriza. María estará muerta en unos cuantos minutos y habrás vengado tan grande burla. Porque no puedes negar que se ha burlado de ti, José... anda, ve... ve y haz realidad este pensamiento. Que su sangre se derrame en venganza a pisotear tu nombre.

José: ¡Sí! ¡No soportaré tan grande burla! En este momento voy a ir a infamarla. Y no importa que sea noche, quiero que ahora mismo la apedreen. *(Y se encamina a la puerta).*

Yo quiero hacer este pensamiento realidad... *(Cuando se está aproximando a la puerta dice).* ¡No! Momento, ¿pero que estoy a punto de hacer? No, creo que Dios tiene algún propósito con respecto a este asunto. ¡Te resisto Satanás, vete de mi pensamiento! ¡Vete ahora mismo!

En ese momento se van todos del escenario y vuelve a quedar José sólo.

José: Dormiré... si, dormiré, si Dios me permite vivir, mañana tendré más claridad *(Hincándose y alzando sus manos al cielo).* Dios mío en tus manos encomiendo mi espíritu.

Ángel: José, hijo de David *(José no despierta, es un sueño)*, no temas recibir a María tu mujer, porque lo que en ella es engendrado, del Espíritu Santo es. Y dará a luz un hijo, y llamarás su nombre "JESUS" porque él salvará a su pueblo de sus pecados.

Después del sueño canta el gallo y José despierta, al mismo tiempo se escuchan que tocan a la puerta, por lo que José se apresura a ir a abrirla.

María: ¡José!

José: ¡María! No esperaba verte aquí tan temprano.

María: José, solo viene a decirte que estoy en tus manos. Mi vida o mi muerte. Pues si he de morir, ya Dios sabrá qué hacer ante eso. Porque Él es Todopoderoso. Pero antes, sólo déjame decirte que yo te he amado desde cuando te conocí.

Cuando te fuiste lloré tu ausencia cada día. Y aún si muero apedreada, en cada golpe que de esas grandes y pesadas rocas reciba, diré a los cuatro vientos y hasta que mi lengua pueda articular palabras... que te amo. Te amo José. *(Llora y se aparta).*

José: María, déjame ver tu rostro... *(La mira con embeleso, con su dedo índice recoge una de sus lágrimas y dice:)* "He aquí una verdadera israelita en quien no hay engaño" *(lo dice vehementemente).*

María: ¡José! Dios te ha hablado a ti también ¿Verdad? *(Le abraza).*

José: *(dejándola, dice)* Indigno soy de tomarte, María, mujer de Dios, porque, ¿soy algo especial? Solo aquel humilde carpintero que con sus manos hace yuntas para bueyes *(llora).* ¿Quién soy yo? Sólo aquel que labra con manos burdas y callosas las maderas más baratas de Israel... *(continúa llorando:)* María, no te merezco... y pensar que aún por un momento dudé de ti, ¡qué tontería! más bien soy yo el que debería ser castigado. Más bien soy yo el que merece separarse de ti para siempre.

María: Olvidas quien soy yo, José. Jehová. Él y sólo Él es el dueño de la santidad y de la gloria. Adonai es el verdadero autor de nuestra salvación. José, no te maravilles por lo que hace Dios en mí, porque segura estoy, que abundan mujeres en Israel mejores que yo. Y si alguien pregunta ¿Porque sucede esto conmigo? le diré: No lo sé. Lo único que yo sé es que en sus ojos he encontrado gracia, y que lo que llevo en mi vientre es producto de su Espíritu y... nada más. *(Con brío).*

Ambos se hincas. José alza sus manos al cielo, María pone sus manos en su rostro y lo pone en el piso.

José: Jesús, tú eres el enviado del Señor para ser el Salvador del mundo. Te pido que sea yo el primero en ser salvo por ti. Porque tú eres el Redentor de todo ser humano. El regalo de Dios de la vida eterna.

Termina con la música de un cántico solemne que invite a la adoración.

Fin de

" El Propósito Eterno "

El RUIDO
DEL
ÚLTIMO SUSPIRO

PERSONAJES

Lenio, cristiano moribundo y profeta de Dios.

Ángel.

Gamuel, (personaje principal).

Polinecio, pastor de Indonesia.

Ocasio, perseguidor de los cristianos.

Garfio, perseguidor de los cristianos.

Policía.

Orador.

Representante de Indonesia.

Profeta.

Pastor.

Juez.

Fiscal.

Kart, convicto convertido en la cárcel.

Populacho 1.

Populacho 2.

Narrador(a).

Miembro 1.

Miembro 2.

Miembro 3.

Miembro 4.

Diablo.

Lujuria.

Materialismo.

Adicciones.

Reportero.

Javier, conductor de televisión.

Apóstol Juan.

Jesucristo.

Escena I – La Visión

Escenario: la escena se desarrolla al aire libre. Tiene que haber todos los efectos especiales necesarios para simular una tormenta. Todo lo imaginable servirá para darle más realismo a esta escena. Se trata de un diálogo.

Lenio: *(se duele profundamente)* Ah, ah, ah…

Ángel: *(éste tiene que estar vestido de civil).* ¿Qué es lo que ha sucedido contigo, amigo? *(esto lo dice con suma expresión, pues se trata de un hombre que está gravemente herido).*

Lenio: *(todo esto lo dije quejándose)* Ayúdame. Unos sujetos me han golpeado y arrojado del tren. Yo viajaba hacia Kendari cuando estas personas me sujetaron, me golpearon y me arrojaron del tren en marcha.

Ángel: Ahora te digo que has encontrado gracia delante del Señor. Son bienaventurados todos los que sufren por causa del evangelio.

Lenio: ¿Cómo es que sabes eso? Sí, es verdad, soy un cristiano, y por causa del evangelio es que ahora padezco esto. Nada podría detenerme en mi tarea de traer a todos cuantos pueda a las plantas de mi Señor; pero ahora no se si podré hacerlo más.

Ángel: Todas tus obras están escritas en los cielos. Y de esto que padeces ahora, hay para ti un galardón especial.

Lenio: Creo que eres un enviado del Señor.

Ángel: Lo soy, he sido enviado para darte un mensaje especial para tu pueblo.

Lenio: Pero cómo habré de decirlo a alguien si he de morir.

Ángel: No morirás hasta que tengas la oportunidad de decirle a alguien lo que ahora te diré.

Lenio: Es grande mi esfuerzo, enviado del Señor. ¡No soporto este dolor! *(Todo esto lo dice doliéndose mucho, aún todo lo que dice anteriormente y todo lo que dirá en la siguiente escena).*

Ángel: Mi pueblo ha sido golpeado en gran manera por una gran persecución desatada desde los infiernos. Pero helo aquí firme y fuerte. Avanza con pasos de gigante, extiende sus alas cómo el águila. Ha soportado el fuego de la prueba como mi iglesia en sus inicios. Su corona es grande, su galardón dispuesto por mis ángeles escogidos.

Pero ahora su sangre es semilla de millares. Cuando venga la ira de los mares. Cuando desde sus entrañas vomite grandes fuegos y se vacíen los depósitos contra sus laderas. Yo permitiré esto en mi soberanía, para temor de todos ellos, como recordatorio de mi grandeza, de mi poder creador infinito, de gobierno, de sujeción sobre lo que de mi mente ha creado.

Miles y miles morirán, pero de ello deberán ser advertidos. Quienes escuchen mi voz serán salvos y no borraré su nombre, el que será declarado en el día postrero.

Lenio: Esto es terrible, cómo podrá mi nación soportarlo.

Ángel: Tu nación ha sido puesta en los ojos del Señor y para bien de ella lo haré. Para que muchos por mi Nombre sean salvos, dice el Señor y de su boca surja cántico nuevo, alabanza sincera al Todopoderoso, cuando reconozcan que sus vanidades no les salvarán.

Lenio: Ahora no harás tu esto, porque no se desatará tu ira sino hasta los últimos tiempos…

Ángel: Si a esto le llamas "mi ira", tú no sabes lo que dices. ¡Mi ira! ¡Mi ira! ¡Tú no sabes lo que es mi ira! ¡Cuando mi ira venga, un tercio de los habitantes de la tierra morirán! Cuando mi ira venga, las estrellas del cielo caerán sobre los habitantes de la tierra y se hará un río de sangre que llegará hasta los frenos de los caballos.

Lenio: Oh, Señor, reconozco que tú eres el Dios del universo, que todo lo has hecho con sólo los dichos de tu boca...

Breve silencio. Después de esto el Ángel del Señor desaparece.

Lenio: ¡Enviado de Dios! ¡Enviado de Dios! ¡Sálvame! ¡Sálvame! ¿Ahora que haré aquí? Seguro moriré. Pero no me importa, porque he escuchado la voz de Dios. Sé que su dicho se cumplirá. ¡Yo tengo que anunciar a los demás acerca de esto! ¡Tengo que hacerlo! ¡Tengo que hacerlo!

Entra otra persona al escenario. Se trata de un hombre que cuida animales, puede ser cabras o algo así, entra hablando sólo.

Gamuel: ¡Oh, fue algo maravilloso! ¡He visto la gloria del Señor! He visto su resplandor en el culto. ¡Oh, Señor, cómo me deleito en tu presencia! ¡Aleluya! Aleluya... *(En eso ve y escucha a quien está tirado en el piso mal herido)*...

Lenio: Ah, ah. ¡Auxilio, que alguien me ayude!

Gamuel: ¡Oh, pero que es esto! ¡Pero si es un hombre mal herido! *(dirigiéndose al herido)* Pero ¿qué es lo que pasó? ¡Que terrible, déjeme ayudarle! *(saca algo de su morral, algunos elementos de primeros auxilios a fin de ayudar al herido).* Oh, Señor, no permitas que se muera este hombre, sálvale. Parece que ha perdido mucha sangre.

Lenio: *(tomándole de la ropa con la poca fuerza que le queda)* ¿Es usted cristiano?

Gamuel: Sí, lo soy señor. Yo he aceptado al Señor Jesucristo como mi salvador personal hace apenas una semana.

Lenio: Estoy seguro de que usted esté ahora conmigo no es ninguna casualidad.

Gamuel: Claro que no, ya verá que se pondrán bien, ahora mismo iré por mi vehículo para llevarlo a un lugar que le den asistencia.

Lenio: Espera, no te muevas, no hagas nada, antes de que te diga algo muy importante, no sea que mientras vas por el vehículo yo muero.

Gamuel: Bien, que es lo que desea decirme, y esto a costa de su propia vida.

Lenio: Mira, yo soy cristiano como tú y he visto hace unos momentos al Ángel del Señor. Él estuvo hace unos momentos conmigo y me ordenó que difundiera una noticia terrible. Amigo, amigo, va a haber un desastre, un desastre terrible en nuestro país, miles morirán, miles serán ahogados porque el mar se volverá contra la tierra seca. Muchos morirán a causa de esta gran catástrofe.

Gamuel: ¡Oh, no! ¿Cómo será esto?

Lenio: No lo sé con detalle, sólo me dijo que advirtiéramos a la gente, que les anunciáremos el evangelio.

Gamuel: Pero no podemos hacerlo abiertamente, usted sabe que existe muchísima oposición.

Lenio: Lo sé, esa es la causa por la que estoy aquí, pero aun así; así sea a costa de nuestras propias vidas, debemos de anunciar a todos acerca de esta aterradora verdad.

Otras tres personas aparecen en la escena. Éstas son las personas que aventaron del tren a Lenio.

Ocasio: Eh, debe de estar por aquí, yo me acuerdo que por aquí le tiramos.

Polinesio: Sólo estén atentos, tiene que escucharse el sonido de sus gemidos.

Garfio: No podemos dejarle vivo. ¡Este hombre podría ser peligroso en el futuro!

Ocasio: ¡Mira ahí está, no hay duda!

Polinesio: ¡Oh, pero mira, esta con otra persona!

Garfio: Se me ha ocurrido una idea genial y esta persona nos será muy útil.

Se acercan a ambos sujetos, a Lenio le rematan con un puñal, a Gamuel le golpean y dejan tirado, en tanto Garfio toma el puñal, lo limpia con un pañuelo y lo pode en la mano de Gamuel. Después de eso se escuchas la sirena de la policía.

Polinesio: ¡Oh, la policía! ¿Cómo supieron que estaba está aquí persona?

Garfio: Seguro alguien lo vio y dio aviso a la policía. Vámonos de este lugar de inmediato.

Los tres salen corriendo de la escena. La policía llega, para poner más realismo al suceso, si fuese posible, que se vea la sirena girando y su luz bicolor (azul y roja) sobre las personas en el escenario; si es posible, sería estupendo.

Gamuel: *(volviendo en sí)* ¿Qué es lo que ha pasado, que es lo que hago con este puñal?

Policía: ¿Cómo de que, qué es lo que hago con este puñal? ¡Pagarás muy caro tu crimen en la cárcel, miserable asesino!

Gamuel: ¿Asesino yo? ¡Pero si lo único que estuve haciendo fue tratar de salvarle la vida a este hombre! ¡Yo no le maté!

Policía: ¡Reserva tus palabras para el tribunal de justicia! Ya se verá si lo que dices es verdad o no. Por lo pronto existe la evidencia de ese puñal.

Gamuel: ¿Qué puñal? *(Mirando su mano)* oh, pero, ¿qué es lo que estoy haciendo con esto?

En esto llegan otras dos mujeres policías y apuntándole, la primera le dice:

Policía: suelta ese puñal ahora mismo.

Gamuel suelta el cuchillo, le ponen las esposas y lo sacan fuera del escenario esposado.

Escena II – Profecía

Escenario: la escena II se desarrolla en un estadio. Se deben de escuchar todos los sonidos respectivos. Un orador se para en el pulpito y empieza hablar.

Orador: Damos gracias a Dios por esta magna reunión. Líderes de más de 142 países nos hemos reunido para dar tribulo al Dios y Padre celestial, al Creador de todas las cosas. Nos hemos reunido para pedir por su gracia y por el derramamiento de su Espíritu sobre la tierra. Nuestra tierra, nuestro tiempo, nuestra generación, en la que Él nos ha puesto aquí y ahora. Intercedemos que Él rompa el yugo de esclavitud por medio de sus milagros y maravillas. Que la ignorancia del evangelio sea quemada como heno ante la avanzada de un ejército de miles y miles de siervos del Todopoderoso que con denuedo hablen las virtudes del Señor. Ahora escucharemos a los líderes de naciones y regiones enteras de la tierra quienes liderarán las oraciones de intercesión…

Pasan dos personas antes del que a nuestra historia atañe. Estos primeros dos –cada uno en su turno– empiezan a orar, pero se va bajando el volumen del sonido de su voz hasta quedar en silencio; simulando que el tiempo pasa así más rápido de lo normal. Es importante que los oradores no olviden hacer todos los ademanes pertinentes.

Representante de Indonesia: Hermanos míos, quiero que sepan que ahora mismo se libra una tremenda batalla en nuestra tierra. Indonesia pasa por una tremenda persecución. Decenas y hasta cientos de nuestros hermanos han sido muertos, muchos en sangrientas torturas. Mis palabras serán siempre demasiado parcas ante la situación que se vive a diario en este pequeño país de Oceanía. Por favor ayúdenme a orar tan fervorosamente como pueda. Oremos: "Señor y Padre que estás en los cielos, pero también en la tierra. Que te interesas por nosotros, pues somos tus ovejas, las ovejas de tu prado, la niña de tus ojos. Tu gran tesoro. Nosotros significamos la sangre de tu Santo Hijo Jesús. Tú sabes con cuanto denuedo hemos hablando tu palabra, y como tu haz lanzado fuera a nuestros enemigos y nos has dado muchas, muchas almas para tu reino.

Pero nuestros enemigos se han ensañado. Tú sabes qué tan terrible es la persecución que sufrimos ahora. Tú sabes lo que nuestros hermanos en Indonesia han sufrido, pero ahora extiende tu mano poderosa y ayúdanos. Ahora Jehová Dios de los ejércitos, manda tu fuego y respóndenos.

Después de que dice esto, un rayo cae sobre el púlpito y lo parte en dos. Se escucha un gran estruendo y se escucha el vocerío de toda la multitud glorificando a Dios. Pero de pronto callan, todos callan a una porque un siervo de Dios empieza a dar un mensaje de Dios para su pueblo ahí reunido.

Profeta: Porque yo he escuchado la oración de mi pueblo, dice el Señor. Su sufrimiento y su congoja. Su angustia y dolor no han sido pasados por alto por mis ojos. Mis párpados lo han escudriñado todo. Ahora mismo he girado órdenes a mis ejércitos. Éstos de movilizan a favor de mi pueblo en Indonesia. Ellos están ahora en camino para salvarles del mal.

Yo aplastaré a sus enemigos y ellos verán mi tremenda salvación, dice el Señor, porque les he amado, y sus desdichas serán coronadas con grandes goces en mi reino. Sólo de aquí a un poco y el que ha de venir vendrá y tomará para vosotros gran galardón.

Voces de alabanza. Todo esto tiene que ser grabado de tal manera que se escuche el vocerío de un estadio.

Nota: La profecía es dada por alguien del público, si es posible de alguien de los están de entre la audiencia en la presentación del drama, no de la gente que está en la plataforma. Que se vea gente sencilla, vestida con ropa de extranjeros...

Se debe tener cuidado con los dos grandes trozos de púlpito.

Escena III – El Rescate

Escenario: en este nuevo escenario, traen un hombre arrastrándolo con cadenas. Luego lo ponen en una silla y están dispuestos a torturarlo... veamos:

Garfio: Vamos, hemos logrado tomar otro rehén, ahora a que no sabes de quién se trata, Ocasio...

Ocasio: ¿Quién es? ¿Tú lo sabes?

Garfio: Claro que lo sé, es un líder de al menos mil cristianos. Este es uno de esos peces gordos. Esto que ahora estamos haciendo se trata de la victoria más grande en esta tarea de barrer de nuestro país a esos falsos.

Polinesio: Vamos, miserable cristiano, ya no predicarás más. Estás perdido, ni siquiera tu Cristo puede hacer nada por ti. ¿Porque, si es tan poderoso no te libra de nosotros? ¿Porque calla mientras tú sufres?

Garfio: Démosle una oportunidad. Pastor, le vamos a dar una oportunidad. Tenga mucho cuidado en lo que va a responder porque será la única oportunidad que tenga. Quiero que nos diga si está dispuesto a continuar siendo cristiano. Tiene ahora mismo la oportunidad de retractarse de lo que ha enseñado y predicado. Si lo hace, entonces podrá salir libre. Nosotros le damos la libertad y no tendrá necesidad de estar aquí ni de recibir la tortura que le daremos si continúa siendo cristiano. Eh, ¿qué dice?

Pastor: Aunque me maten, nunca dejaré de decir que Jesucristo es el Hijo de Dios. Que Él murió por la humanidad para salvarnos del juicio venidero; que resucitó al tercer día y que viene por todos lo que han creído en su mensaje de amor. Que también Él juzgará a todos los incrédulos porque...

En eso recibe una bofetada.

Polinesio: ¡Cállate! ¡Cállate! Pero ¿qué es esto? ¡Este hombre está completamente loco, aún y la condición en la que se encuentra y no cesa de predicar! Definitivamente está fuera de sí.

Garfio: Bien, comencemos, esto va a ser bastante divertido...

Empieza a preparar al pastor para ser sometido a algún procedimiento de tortura, el auditorio debe de entender lo que se hará después. Deberá ser particularmente cruel y realista este método de manera que el público sea impactado.

Mientras están en eso se escuchan las risas de ellos y las "chanceadas". Pero sucede algo sobre natural. El lugar donde están se llena de una luz indescriptible y ellos quedan como muertos y paralizados de miedo. Aparece un ángel de Dios. Deberá ser lo más alto y fuerte posible. Vestido de vestiduras blancas y con una espada desenvainada.

Ángel: ¡No lo toquen!

Garfio: *(con voz temblorosa)* ¿Quién eres señor? ¡No nos mates, te lo ruego!

Ángel: Yo soy un enviado del Dios del hombre a quien ustedes quieren torturar. ¿Quién es quién se atreve a poner un dedo en contra del ungido de Jehová?

Ocasio: ¡No sabíamos, Señor *(con voz temblorosa)* por favor, no nos hagas daño! ¡Te lo suplico!

Ángel: Adora a Dios, porque Él me ha mandado a librar de sus manos a su siervo. No morirá aún, porque Él es instrumento para mi gloria. Naciones pondré por su rescate y vidas que intercedan por el día y noche. No caerá porque yo lo sostengo.

Pastor: ¡Gloria a Dios! Señor, gracias por la respuesta a la oración.

Ángel: Sabe esto: que mis siervos en un lugar muy distante han orado y la iglesia ha intercedido por ti y el Señor ha escuchado sus oraciones por lo que he sido enviado para tu rescate.

Sale el Ángel. Las cadenas se caen de las manos del Pastor y queda libre.

Garfio: *(queriéndose mover no puede, luego dice:)* ¿Qué es esto? No puedo moverme, Dios mío, ¡no podré moverme el resto de mi vida!

Lo mismo sucede a sus compañeros.

Ocasio: Yo tampoco puedo moverme. ¡Oh, no! ¿Qué sucederá con nosotros? Hemos pecado en gran manera, hemos derramado mucha sangre inocente y ofendido al Dios de los cielos. Por favor, pastor, por favor, ayúdenos.

Pastor: Repitan esta oración conmigo: "Señor Jesús *(ellos repiten la oración parte por parte)*, reconozco que soy pecador y que no merezco sino el infierno. Pero sé que tu Santo Hijo Jesús murió en la cruz por mis pecados y que ahora tengo vida eterna mediante su sacrificio en la cruz del calvario. Te suplico, Señor, borra mis pecados. Dame un corazón nuevo, y perdona toda mi maldad. ¡Oh, Dios! Sea tu pacto efectivo en mí. Te pido ahora Jesús que entres a mi corazón. Te recibo hoy como mi único y suficiente salvador personal.

Escena IV – Anuncio

Escenario: Gamuel sale de la cárcel y anuncia el evangelio. Se ilumina una parte del escenario. Está un juez.

Juez: Caso Gamuel Camues. Acusado de asesinato. ¿Dónde están las evidencias?

Fiscal: Las últimas evidencias señoría dicen que no fue el quien lo mató.

Juez: ¿Qué evidencias? Se trata de las huellas digitales, señoría. No corresponden a las que encontramos en unas gafas pertenecientes al occiso y que usó minutos antes de ser golpeado. También descubrimos que no fue ahí donde inicialmente fue golpeado sino que lo fue en el interior del tren cuyas vías estaban tan solo a unos pasos del cuerpo del occiso. Fue golpeado en el tren y luego arrojado del mismo. Posteriormente fue apuñaleado. Los tiempos en que fue apuñaleado y de los de la impresión de las huellas digitales tampoco coinciden, por lo que creemos que el puñal fue puesto en la mano de Gamuel.

Juez: *(viendo todo el tiempo los papeles en tanto el fiscal le explica)* Entonces quien le mató. ¿Se tiene algún indicio?

Fiscal: Si, señor Juez, se trata de un hombre llamado Garfio Fertuca. Asimismo hay suficiente evidencia para pensar que estuvo con otros dos hombres en el momento del asesinato.

Juez: ¿Dónde está Gamuel?

Fiscal: Se le ha puesto en la prisión de alta seguridad, pero estamos ante una injusticia y una terrible falla en nuestro sistema penitenciario.

Juez: Es preciso que se le ponga en libertad. Se declara a Gamuel Camues inocente del delito de asesinato en primer grado. Secretario, escriba la sentencia *(luego deja caer el martillo, como señal de caso cerrado).*

Se ilumina el escenario en otra sección de tal manera que se puedan retirar las cosas del primero acto. Gamuel está en su celda, está de rodillas orando.

Gamuel: Señor, Dios del cielo, tu sabes la injusticia de que estoy siendo objeto hoy, pero tú sabes cuánto te amo, y que por causa de ti es que estoy en esta prisión. Si tu voluntad es que salga de aquí, por favor, que sea cuanto antes, a fin de predicar tu palabra y anunciar acerca del tremendo suceso que tendrá lugar muy pronto en nuestro país. Dios de poder, y que mediante tu predicación, muchos conozcan a Cristo y sean salvos de sus pecados.

Mientras el aún ora, un hombre llega a su celda.

Kart: Gamuel, ya no aguanto más, me voy a quitar la vida. Ya no puedo con todo esto, es demasiado para mí, esta vida no tiene sentido. Ahora mismo recibí la noticia de que mi esposa anda con otro, no era para menos, estando yo aquí. ¡Te aseguro que de hoy no paso! *(Este papel debe interpretarse con suma emoción y realismo).*

Gamuel: ¿Quién te dio la vida, Kart?

Kart: Que pregunta es esa, pues yo me hice a mí mismo. No sé porque estoy aquí.

Gamuel: Yo te lo diré. Estás en esta tierra porque Jesucristo quiso que estuvieras. ¿Y para que quería que estuvieras, para que fracasaras?

Kart: Definitivamente creo que sí.

Gamuel: No es así, Dios no hace acepción de personas y Él te ha amado desde antes de que nacieras y te ha creado para su alabanza. Crees que te creó para que fueras infeliz siendo tú su criatura.

Kart: Supongo que no.

Gamuel: Es seguro que no, más bien Él desea que seas un hombre pleno y victorioso. Pero ¿qué pasaría si tú no quieres recibir esa bendición de Dios? ¿Puede Dios obligarte a que la recibas?

Kart: Creo que no.

Gamuel: Mira, la Biblia dice que el Señor se deleita en bendecir a los seres humanos, pero tenemos que seguir su orden. Mira si tienes una coca-cola en la mano, y la quieres tomar sin quitarle primero el tapón y en lugar de eso muerdes el envase de tal manera que quiebras tus dientes y sangra tu boca, ¿gozarás acaso adecuadamente del beneficio del líquido? Creo que no. Dios quiere dar salvación a tu alma. Él quiere salvarte del infierno al que estás expuesto, porque la Biblia dice que eres pecador y que por esa causa vas al infierno. ¿Desearías aceptar a Cristo este día? ¿Estás preparado para la eternidad?

Kart: ¿Qué es lo que debo de hacer?

Gamuel: Mira te guiaré en esta sencilla oración. Repite después de mí...

Gamuel guía al convicto en una sencilla y corta oración del pecador.

Kart: Algo está pasando conmigo *(Se nota que ha llorado intensamente)*. Ya no tengo deseos de matarme, yo quiero vivir la vida para Cristo. ¡Quiero que Cristo Jesús, sea el centro de mi vida!

Gamuel: Ese es el resultado del poder de Dios en ti. Ese poder es el que te hace libre del pecado y te da fuerza para vivir.

En eso llaga un celador...

Celador: ¡Hey, tú! *(apuntándole con el dedo)* levántate, mi amigo, tengo noticias para ti *(Con la debida seriedad, casi sin mostrar emociones, aunque con cierto desdén).*

Gamuel se le queda viendo, extrañadísimo de lo que estaba oyendo.

Celador: No puedes continuar más aquí. Se ha comprobado que eres inocente, por lo que saldrás libre ahora mismo, así es que, en marcha.

Narrador: Inmediatamente Gamuel se dirige a las calles a predicar.

Gamuel: La palabra de Dios dice: "Pero Dios, habiendo pasado por alto los tiempos de esta ignorancia, ahora manda a todos los hombres en todo lugar que se arrepientan; por que ha establecido un día en el que juzgará al mundo con justicia, por aquel varón a quien designó, dando fe a todos con haberle levantado de los muertos".

Hoy el Señor dice a todo hombre que ha establecido un día en que juzgará al mundo. Y lo juzgará con justicia. Con la justicia que Él ha establecido. Y ¿Cuál es esa justicia que Él ha establecido? Jesucristo mismo. Cristo es la justicia de Dios. Es la justicia de Dios personificada. En Cristo Jesús, Dios ha establecido su estándar de justicia y sólo aquellos que tengan sobre si la justicia de Dios, es decir, a Jesucristo mismo, serán libres del castigo. Revístete de la justicia de Cristo, porque eres un pecador y sin la gracia de Dios estás condenado. Amigo, no te engañes, si no te arrepientes de tus pecados, de toda mentira, de toda avaricia, de todo adulterio, de todo robo y engaño, irás al infierno.

Amigos míos, yo he escuchado una terrible noticia para este lugar. Este lugar será destruido y nadie escapará. Escúchenme bien, Dios advierte este día que escuchen su voz. Porque la eternidad para los habitantes de este lugar está a la vuelta de la esquina.

Yo he escuchado la advertencia del Señor y Él me ha mandado que anuncie ese terrible día que viene.

Gamuel continúa predicando, pero se baja el volumen para que dé lugar al diálogo de los que van a hablar a continuación.

Populacho 1: ¿Este hombre está loco, de que está hablando? ¿De que este lugar será destruido? Ja, ja, seguro este hombre ha perdido la razón.

Populacho 2: Eres un insensato, ¿no estás escuchando la advertencia de Dios? Mira, aún estás en esa condición y ¿no te arrepientes? ¡Deberías de escuchar el mensaje que este hombre está hablando! Señor predicador. ¿Qué debo hacer?

Con efectos de sonidos para acentuar este dicho... un eco y repetición de esta dicho: "¿Qué debo hacer?"

Entonces el predicador le dice:

Gamuel: Sólo cree en el Señor Jesucristo y será salvo. Confiésale como tu salvador personal y tu alma será salva de la condenación. Yo te dirigiré en una oración: Señor, Señor Jesús reconozco que soy el más terrible de os pecadores. Por favor, lávame de mis pecados y entra en mi corazón. Ven a mí, Señor Jesús.

Después de que termina la oración se escucha un balazo. Gamuel cae muerto, se ve un poco de sangre, se escucha el griterío, la policía y la ambulancia, entran los paramédicos y lo recogen le ponen una sábana encima. De pronto se detiene todo, se congela el ambiente, todo la gente se para, y luego debajo de la camilla debe haber otra persona que sale vestida de vestiduras blancas simulando el alma de Gamuel.

Escena V – Tibieza

Narrador: Mientras tanto en el otro lado del mundo…

<u>Escenario:</u> *la escena se desarrolla en una iglesia. Aparece desde el inicio un hombre vestido con ropa de trabajo, está hincado orando. Parece un hombre muy sencillo, nadie le pone atención por mucho tiempo, pero él permanece orando todo el tiempo. Entran dos platicando, veamos:*

Miembro 1: Oye, ya viste la última película en premier. Ese chico que sale ahí es adorable.

Miembro 2: Pues tiene algunas escenas inmorales, pero dime tú, pues hombre, vivimos en el mundo, que le vamos a hacer, tampoco significa que debemos estar en un monasterio.

M1: Eso sí. De hecho a que ¿no sabes?

M2: ¿Qué?

M1: Pues acabo de comprar por solo 250 dólares, la colección de las 40 películas más exitosas de los últimos 5 años. ¿Qué te parece?

M2: ¿De veras? ¡Oye, eso sí que está tremendo! ¡Es baratísimo! ¡Uauh! ¡A divertirse mi amigo!

M1: Sí, la idea es ver al menos una película diaria para verlas todas cuanto antes. Ya no necesitaré rentar al menos por un tiempo.

M2: Oye, por favor, a ver si me pasas el dato.

M3: Hola, mis amigos, ¿cómo están? Oigan, ¿no han visto la hora? El pastor es un perezoso, deberíamos de mandarlo a su casa, ya es la segunda vez en este semestre que llega tarde. Digo, pues no es así como que súper tarde, pero no les parece que es un irresponsable.

M1: Necesitamos checar muy bien su lista de responsabilidades y si no está cumpliendo… *(Truena los dedos).*

M2: Por ciento, acabo de comprar un novedoso producto que hace que tu casa tenga un buen olor distinto cada 10 minutos. Estuve ocupada estos últimos 3 días checando los olores, mientras decoraba mi sala. Creerás que tengo un nuevo "look" para mi sala cada semana. Odio ver mi sala igual. ¡Creerás que invierto casi 4 horas por día solo en ver cada detalle! ¡Me encanta!

M3: Oye, por cierto, acabo de comprarle a mis niños unos juegos de video bastante interesantes. Creo que esos juegos promueven su creatividad mientras se divierten. Estoy seguro de que hice una muy buena compra.

M1: Oye, pero todavía no llega el pastor. ¡Es increíble! Oigan, ¿no les parece que cada vez hace los cultos más aburridos? Debería de tener más creatividad para hacer las cosas. Creo que está confundido de qué clase de miembros tiene. ¡Quizá piensa que está en alguno de esos países pobres en donde la gente se conforma con cualquier cosa! Creo que nos está menospreciando.

M3: Es que vivimos en otros tiempos. La Biblia está bien, pero esos temas de la Biblia que hablan de cosas que uno ni entiende y que no son aplicables para nuestros días. Es que no van a predicar lo mismo que a nuestros abuelitos, estamos en otra época.

M1: Debes de balancear. No vas a querer que todo el día estemos orando.

M3: Y luego esos predicadores tan serios. Hombre, pues a mí las únicas predicaciones que me parecen interesantes son en las que el predicador es un buen contador de chistes, los demás me parecen como que no tienen gracia, me aburren.

Llega el pastor.

Pastor: Se me hizo un poco tarde, mis hermanos, les confieso que no pude llegar porque estuve en una junta de planeación. Les anticipo que estamos planeando embellecer más nuestro templo. Se trata de hacer una inversión de más de 5 millones de dólares en el nuevo proyecto. De esta manera tendremos el tempo más costoso de todo el estado. ¿No les parece fabuloso?

M3: ¡Excelente! Le confieso que no estábamos muy de acuerdo con usted. Pastor, pero después de escuchar tal cosa, pues ya la cosa cambia.

M2: ¡Este pastor, sí que tiene visión!

Pastor: Bueno, como sé que están muy ocupados vamos a acortar este servicio. Además hoy estamos en la semana de oración. Debemos recordar de vez en cuando que la oración es una parte de la vida cristiana.

Estamos en tiempos en que no podemos invertir tanto tiempo en ella, Dios sabe que estamos haciendo otras cosas, y bueno, pues si no las hiciéramos, ¿cómo podríamos emprender proyectos como del que les platicaba hace unos momentos? Pero en esta semana estamos haciendo una promoción intensa para que al menos en esta semana invirtamos más tiempo en la oración. Ya sé que ustedes no pueden orar en sus casas, por eso es lo que lo vamos a hacer en el templo.

Oremos: Señor, aquí estamos una vez más, gracias por todas tus bendiciones. Gracias porque estamos llenos y no tenemos necesidad de nada, porque tú nos has bendecido tanto que hasta nuestros muchachos traen carros y camionetas nuevas. Tú sabes que no podemos servirte como deberíamos, por eso te pedimos perdón. Pero tú nos has dado tanta fuerza que nos sentimos con ánimo aún después de trabajar más de doce horas a fin de hacer más dinero y dar, al menos un poco de lo mucho que nos has dado. Algunos de nosotros ya empiezan a cumplir con hasta el 5% de sus ingresos, Señor, tú sabes que en muchos de nosotros este asunto es todo un proceso. Gracias, Amen.

Pastor: ¡Qué tremenda es la oración, hermanos! ¡Apoco no te sientes mucho mejor después de ella!

Congregación: ¡Amén, Amén!

Pastor: ¡Si nosotros invirtiéramos tan sólo unos minutos en oraciones tan poderosas como ésta, nuestras vidas serían diferentes! Yo he experimentado en mi propia vida, las bendiciones de una vida de oración. Pero no sean religiosos, no se trata de tomar tan a pecho las cosas. No se trata de ser fanáticos, por eso el mundo a veces nos crítica y nos ve raros. No, mis hermanos. Tan sólo unos minutos son suficientes. ¡No digo que veinte minutos! Eso ya como que raya en el desequilibrio. No, debemos de dar balance a las cosas. Ya con diez minutos me parece que es suficiente. Bien, antes de irnos, si alguien tiene una palabra de testimonio...

Miembro 4: *(el que estaba orando repentinamente empieza a llorar en voz alta y con voz de trompeta dice:)* Escuchad palabra de Dios: "Por cuanto no eres frío ni caliente, sino tibio, te vomitaré de mi boca. Porque has dicho, soy rico, y de ninguna cosa tengo necesidad, pero yo te digo que eres un desventurado, miserable, pobre, ciego y desnudo. Mientras piensas en las vanidades de este mundo, mi pueblo sufre en Indonesia. Mientras ustedes interceden por su propio bienestar, hay tantos que no me conocen. Hay tantos que necesitan de mí en el mundo. Que no tiene ni un trozo de mi palabra para que sean salvos de mi ira.

Ahora digo ante ti, que estoy harto de tanta corrupción y frialdad. Estoy harto de tus vanidades y amor egocéntrico.

Hoy te digo que no tienen parte en mi reino. Han amado este mundo, aquí lo tienen para siempre. Espero encuentren en la eternidad en él algún beneficio," así dice el Jehová de los ejércitos.

Se obscurece el escenario, al encenderse la luces de nuevo se verán los mismos miembros de la iglesia y aún el pastor vestidos de demonios y de diablo respectivamente. Obviamente el miembro que dio el mensaje no aparecerá en la nueva escena. Mientras vuelve la luz, los miembros de la iglesia hablan.

M3: *(Enfadado)* ¡Ese hermanito que se creé!

M2: Cómo se atreve a reprendernos si es un recién llegado. Yo ya tengo veinte años aquí y nadie se había atrevido a decirnos tales disparates.

M1: Pues el pastor debería de decirle que se vaya…

En ese momento empieza a cambiarle la voz, mientras le cambia la voz, la luz empieza a aparecer, cuando la escena está completamente aluzada estarán sentados en las mismas sillas los demonios… etc.

Tibieza Espiritual: Que se vaya, ya no puede estar aquí. Que invente cualquier excusa el pastor para correrlo. Si no se va él, me voy yo; al fin y al cabo, habrá otros interesados en el buen dinero que damos en esta iglesia.

Todos aplauden y dan gritos expresando júbilo.

Diablo: Muy bien, ese es un excelente reporte. Ahora te toca a ti, Lujuria.

Lujuria: Mi trabajo va en aumento. Yo sé que ya están aburridos de nuestras victorias en los EU, pero me alegra decir, que ahora de todos los embarazos en los EU un tercio termina en aborto. Y más del 92% sucedió sólo por conveniencia. Me alegra decir que cada vez se discute más el tema de la homosexualidad en el mundo y los "derechos" para los homosexuales. En los EU, cada vez son más los estados que han aprobado los matrimonios entre los homosexuales y casi hemos ganado la batalla en Europa, en algunos otros países del mundo es un tema en la mesa de discusiones.

Diablo: Creo que aún puedes hacer mucho más. Quiero que esa cifra suba. La próxima semana quiero el menos 5 puntos porcentuales más.

Diablo: Continúa… ahora tú, Materialismo.

Materialismo: Como ustedes saben hemos alcanzado la maravillosa cifra 50% de divorcios en los EU y ahora más de la mitad de éstos ocurrieron por temas relacionados con el dinero. He reducido la oración en los líderes y asómbrense con esto: el 85% de los pastores oran solo 5 minutos por día y el 80% toman la Biblia sólo para preparar el sermón.

Diablo: Ahora te toca a ti, Adicciones.

Adicciones: Ahora daré yo mi reporte…

Cuando empieza a hablar "adicciones" se empieza a bajar el volumen del sonido hasta que ya no se escucha su voz. Así es como termina esta escena.

Escena V – El Terremoto

Escenario: se necesita bastante creatividad en la realización de esta escena. Iniciamos con el momento de la creación y la terminamos con un terremoto. Pero el escenario está obscuro y se va iluminando y se van creando cosas. Vamos a representar la creación de Dios. Luego la tierra es poblada en ese específico lugar de Indonesia, el juicio anunciado llega y la gente muere a causa de esto (el terremoto también tiene que representarse). Luego los paramédicos, socorristas y reporteros… la música y los efectos especiales serán claves en esta escena. El lugar está oscuro o semi-oscuro. Se escucha una música apropiada…etc.

Narrador: "Y la tierra estaba desordenada y la vacía y el Espíritu de Dios estaba sobre la faz del abismo." "Y dijo Dios, sea la luz y fue la luz."

Se ilumina el escenario. De aquí en delante y hasta que termina este acto entran personajes vestidos de las cosas que hay en la naturaleza, mediante el orden en que Dios hizo el mundo. Estos bailan y forman círculos, giran y se mueven a manera de los animales y plantas de la naturaleza. Este acto es muy apropiado para niños. La duración de este acto deberá ser no menos de 6 minutos y hasta 8.

Narrador: Y dijo Dios: Hagamos al hombre a nuestra imagen, conforme a nuestra semejanza; y señoree en los peces del mar, en las aves de los cielos, en las bestias, en toda la tierra, y en todo animal que se arrastra sobre la tierra. Y creó Dios al hombre a su imagen, a imagen de Dios lo creó; varón y hembra los creó.

Cuando dice esto, no se muestra Adán y Eva, sólo el narrador habla mientras aparece en el escenario un cuadro con niños vestidos de plantas y animales y se escucha un buen fondo de música.

Narrador: Fructifica, henchid la tierra. ¡Subyugadla!

En ese momento empiezan a llegar gente, ya vestida con los trajes típicos de Indonesia o algo parecido. Se trata de un mercado en la calle. Los efectos especiales deben ser como el ruido de un mercado: mucha gente hablando al mismo tiempo, los comerciales anunciando sus productos, etc.

Se vuelve a escuchar parte de la escena tres. Cuando Gamuel está predicando, el ruido de mercado se pone de fondo, pero no aparecen sino los personajes que están en el mercado... esto se escucha hasta que se escucha el disparo en donde matan a Gamuel.

En el momento que se escucha el disparo viene el terremoto, se caen al piso todas las carpas, hay un juego de luces, los efectos especiales y música tienen que ser exactos. El terre-

moto dura solamente unos segundos y no más de 30 segundos. Toda la gente postrada en el escenario, tan real como sea posible. Se escuchan sirenas… llegan los reporteros.

Reportero: Ha ocurrido algo terrible. Nuestros ojos se llenan de tristeza al ver una cosa como esta. Miles de cadáveres por todas partes. El terremoto sacudió varias ciudades y ahora estamos en una de las zonas más afectadas. Los servicios de rescate no dan abasto. Aún hay muchísimos cuerpos debajo de los escombros. Los rescatistas trabajan día y noche con la esperanza de encontrar a alguien con vida. Apenas si se puede sobrevivir en este ambiente de muerte. Hay expectación en todo el mundo con lo que puede repercutir con este terrible desastre. Javier, quiero informarte que tenemos el reporte de cientos de toneladas de ayuda. Comida, medicinas, ropa, calzado, artículos de primera necesidad.

Javier: *(puede escucharse únicamente la voz, o bien una televisión con un video de él)* Terrible desastre en Indonesia. Alberto y ¿cuál es el reporte de los muertos, cuántos muertos, Alberto?

Reportero (Alberto): Aún no se tiene la cifra exacta, pero la cifra preliminar es de 40 mil muertos. Pero esta cifra podría parecer ridícula en algunos días más, cuando se encuentren más cuerpos y se tengan más reportes de desaparecidos.

Javier: Gracias, Alberto, seguiremos de cerca esta catástrofe en el otro lado del mundo… Alberto Peláez con este reporte… en otras noticias…

Escena VI – El Trono

El escenario es el cielo, con un gran trono en donde se va a sentar el juez de toda la tierra. Un anciano de días que representa a Dios. Luego un rollo que tiene sellos deberá estar en una mesa apropiada. El primer personaje que entra es el Apóstol Juan, el teólogo.

Apóstol Juan: Estaba yo en la Isla de Patmos, cuando me sobrevino como un éxtasis. Vi un trono alto y sublime, más alto que los cielos, y a Uno sentado en el trono. El que estaba sentado en el trono era semejante a un Anciano de días, cuya luz llenaba toda la tierra. Luego vi el rollo donde están escritos los nombres de los salvos, pero no hubo nadie digno de abrirlo ni de desatar sus sellos. ¡Oh no, Señor! *(llora)*. ¿Cómo es posible que no se pueda abrir el libro en donde están los nombres de los redimidos? ¡Oh, Dios mío, todos pereceremos! ¡Todos seremos enviados al infierno!

Pero en eso se acerca un ángel.

Ángel: Juan, no llores más, hay uno digno que puede abrir el libro y desatar sus sellos. Es el León de la tribu de Judá, el Cordero santo que fue inmolado. Él y sólo Él es digno de abrir el libro de la vida.

Se escuchan trompetas.

Ángel: Escuchad. El gran juicio del trono blanco ha empezado. En él se juzgarán las obras y las intenciones de los corazones de todos los hombres. Todo lo escondido es traído a la luz y lo oculto es manifestado. Millones de Millones de ángeles seremos testigos del justo juicio de Dios. El Padre al dado al Hijo el juicio de mundo. Todos de pié ante el REY DE REYES Y SEÑOR DE SEÑORES.

Entra el Señor Jesucristo, todos se ponen de pié y se inclinan ante Él. El Señor Jesús se sienta delante del trono.

Ángel: Lenio Camuso.

Jesucristo: Lenio Camuso: Siervo fiel y vigoroso. Expuso su vida por causa de mi Nombre. Este fue uno de mis hombres de fe en Indonesia en el siglo 21. Su fe fue llevada al extremo y predicando en una mezquita musulmana fue tomado y torturado. Sus gritos llenaron los pasillos del cielo y su sangre es sobre sus opresores hasta el infierno. Ven hijo mío, toma tu heredad en mi reino, todo esto he preparado para ti.

El Señor Jesús pone una corona sobre su cabeza y le dice:

Jesucristo: Lenio Camuso entra en mi gloria.

Ángel: Gamuel Garoua.

Jesucristo: Gamuel Garoua. Toma ahora tu nuevo nombre, porque tu nombre he cambiado para mi gloria, por cuando ella procuraste, de ella gozarás ahora. No tendrás más dolores, hijo mío, porque te he conocido y te llamo por tu nombre. No te afligirán más aquí, porque tu gozo es cumplido por la eternidad. Yo vi como públicamente testificaste de mí sin temor. Como exponiendo tu vida me fuiste testigo, ahora yo delante de mis ángeles te confieso y sobre tu cabeza pongo corona.

Le corona y le da entrada de gloria.

Ángel: Alina Pérez

Jesucristo: ¿Quién es Alina Pérez?

Alina Pérez: ¡Jesucristo! ¡Acaso no me conoces, yo fui también cristiana!

Jesucristo: Dime quien es esta persona que está aquí, por favor.

Ángel: Alina Pérez *(uno de los religiosos de la iglesia de la escena IV)*. Mujer de negocios y conocida por la comunidad. Era llamada amiga de los pobres y muy religiosa. Mediante sus obras de caridad se construyeron tres orfanatorios en su vida y ella mismo adoptó cuatro muchachos y tuvo cuidado de ellos. Nunca dejó de asistir a la iglesia y fue una persona muy agradable y humorista. Dentro de un armario solía tener revistas pornográficas de las que nunca su esposo se dio cuenta. Asimismo mentía en los negocios cuando se hallaba en aprietos, aunque tenía apariencia de piedad. Amaba las diversiones de este mundo mayormente los autos y las motocicletas. Nunca educó a sus hijos en el temor de Dios y tenía menosprecio por los que eran consagrados. ¿Qué se hará con ella?

Jesucristo: No le conozco, echadle al abismo, a las llamas del infierno por toda la eternidad.

Los ángeles le toman, lo encadenan y lo avientan fuera del escenario se escuchan los efectos de rigor y luego cuando ella va cayendo al abismo.

Ángel: Jim Sheldon.

Jesucristo: Nunca le conocí, dime acerca de él.

Ángel: Jim Sheldon. Pretendía ser un hombre de fama desde su niñez. Creció con ese sueño y siendo un adolescente se unió dio a un grupo cristiano. Tocó música cristiana por todo su país y hablaba de las cosas de Dios pero no vivía conforme a la Biblia. Dedicaba en ocasiones 15 y hasta 20 minutos para leer la Biblia en la semana pero le aburría. Su pasatiempo favorito fue hacer mofa de los siervos de Dios y menospreciar a los humildes. Lleno de vanagloria frecuentemente veía a otros hacia abajo y pensaba en su corazón: "Yo soy más que este".

En la sociedad era aclamado y respetado. Viajó a Israel en 3 ocasiones y hablaba de la Tierra Santa con gran pasión, pero no tenía interés por las almas sino que amaba el dinero y la alabanza en público. Alguna vez aceptó a Cristo como su salvador, pero luego fue del grupo de los tibios espirituales. ¿Qué se hará con él?

Jesucristo: Apartaos de mí, no os conozco, hacedor de maldad. Echadle de mi presencia a las llamas del infierno.

Ángel: Poncio Estrada.

Jesucristo: ¡Poncio! Hijo mío. Yo conozco tus obras y tu dedicación y esmero. Cuando llorabas por las noches en mi presencia ahí estaba yo a tu lado. Cuando me adorabas por las mañanas mi corazón se exaltaba dentro de mí. Fuiste atacado y menospreciado siervo mío. Motivo de mofa y persecución por mi nombre. Yo estaba ahí cuando mintieron en tu contra hombres vanos con apariencia de piedad, los cuales ya he juzgado y hallado culpables. Pero tú fuiste fiel en todo, amado mío. Ni un solo día dejaste de separar tiempo para mí. Yo conozco tu record de horas de oración. Todos están escritos en mis libros. Ni una sola de tus palabras cayó a tierra. Ahora quiero que todo el universo sepa que por este hombre fueron salvas naciones y reinos vinieron a mí, aunque nadie lo supo, ahora es tiempo de que su pasión por las almas y su intercesión intensa salga a la luz.

Yo te recuerdo, hijo mío. Cuando ayunaste 15 días en secreto y nadie lo supo sino sólo yo. Porque lo hiciste solo para mí. Cuando callaste en el tiempo de la prueba sólo para no pecar contra mí yo lo supe. Cuando pasabas cientos de horas por año escudriñando mi palabra y hablando de mí a todos los hombres y mujeres yo hablé por ti. Y todas las demás cosas que hiciste y lo mucho que me amaste todos los días tu vida desde que primero te recibí en mi reino, todas estas escritas en mis libros y de todo recibirás tu galardón. Entra en el gozo de tu Señor.

Ángel: Facundo Ramírez.

Apóstol Juan: Miles murieron en esa catástrofe. Luego muchos de ellos fueron juzgados culpables porque amaron más las tinieblas que la luz. Amaron más sus deleites que agradar a su Creador y pusieron su corazón en las cosas de la tierra, pero ahora por la eternidad serán desdichados. Más otros menospreciando sus vidas se entregaron a la obediencia a Cristo. Pasado un poco de tiempo Jesucristo vino por su Iglesia, aunque otros murieron antes. Y yo vi a todos de pie ante el Señor. Todos, los poderosos y los más débiles. Los ignorantes y los sabios. Los ricos y miserables. Los famosos y los más olvidados. Los grandes de la tierra, los que murieran de hambre y de sed; en las guerras, en los hospitales, en los campos de tortura. Frágiles algunos, más otros fuertes. Limpios muy pocos, los demás lanzados vivos al abismo. Yo Juan lo di todo. Mis ojos lo vieron y yo soy testigo de ello. Sus nombres estarán olvidados por la eternidad porque nunca fueron conocidos por el Cordero de Dios.

Se escucha una trompeta y un ángel aparece.

Ángel: ¡Lava tus vestiduras en su sangre preciosa! Acude a su trono de misericordia. Escapa del juicio que viene y deja tus malos caminos. Porque he aquí vengo pronto y mi galardón conmigo. ¡Escuchad! Pueblos de la tierra, convertíos al Señor, vosotros los que decís no tener necesidad de nada. Cuyos vientres no se sacian, cuyos ojos no están satisfechos. Y todos los que viven para sí os digo, venid y encontrad vida eterna aún y su vida aquí sea sin valor porque yo soy Dios grande y justiciero, no hago acepción de personas ni doy por inocente al culpable, así ha dicho el Señor, Todopoderoso.

Fin de

"El Ruido

del Último Suspiro"

El CAUDILLO

PERSONAJES

Judá, el padre de Ben.

Ana, la madre de Ben.

Ben, el personaje principal.

Meribá, su hermana.

Mujer 1, una cómplice de Teduas.

Mujer 2, una judía entre la multitud curiosa.

Judas el galileo, otro que se hizo llamar el Mesías.

Pastor, un testigo del nacimiento de Cristo.

Zacarías, el padre de Juan el Bautista.

Teduas, uno que se hizo llamar el Mesías.

Fines, un compañero de milicia de Ben.

Soldado 1.

Soldado 2.

Centurión Romano.

Profetiza.

Ángel.

Cleofas, un seguidor de Cristo.

Escena I – Una Cuna Guerrera

Escenario: una casa típica judía de los tiempos de Cristo.

Judá: ¡Ana, esposa mía! Quiero que me contemples, seguro no soy el mismo después de estar en el Templo hoy escuchando la Palabra de Dios. No hace otra cosa que arder mi corazón al escuchar la lectura de la ley de Dios. ¡Oh, si al menos pudiera comprender todas sus letras! Tal parece que Dios ha permitido que sobre nuestros entendimientos permanezca una nube que nos obstruye la visión. Siempre me he preguntado si algún día por fin la venda que se extiende sobre nuestros ojos será quemada con su poder, de alguna manera.

Ana: Oh, Judá, siempre he admirado tu amor por la ley de Dios. Tu corazón me hace recordar al de David cuando dijo: "Oh cuanto amo yo tu ley y en tus mandamientos me deleito en gran manera".

Judá: ¡Sí que la amo! Pero no la entiendo (*primero con entusiasmo, liego con algo de pesar*), Ana. Más tengo la esperanza que cuando venga el Mesías, Él nos instruirá. Bien lo dijo Isaías, profeta: "Y reposará sobre él el Espíritu de Jehová; Espíritu de sabiduría y de inteligencia, Espíritu de consejo y de poder, Espíritu de conocimiento y de temor de Jehová y le hará entender diligente..." Esa es nuestra bendita esperanza.

Ana: Judá, esposo mío; yo creo también que nuestra esperanza será cumplida. Será cumplida hasta la última letra conforme a nuestra fe. Es así como vivió nuestro padre Abraham y así viviremos nosotros. ¡Nuestra fe! Nuestra esperanza. El Señor no permitirá la vergüenza de los que en Él esperan (*con entusiasmo y fervor*).

Judá: Sí, la esperanza del Mesías, de la promesa hecha por Dios a sus siervos los profetas. Él salvará la nación de Israel, Él nos dará la luz que nuestro interior necesita, derribará las murallas de hierro y pulverizará las puertas de bronce del que nos tiene en sitio; dará libertad a los oprimidos, abrirá la cárcel de los presos y tomará el trono de David su padre.

Pero hay algo más. Nuestro pecado, Ana, nuestro pecado; dijo el profeta Isaías, siervo de Dios, que Jehová cargaría en Él el pecado de todos nosotros.

Ana: Pero, Judá, ¿en verdad será Rey?

Judá: ¡Oh sí, mi amada esposa, Él será el Rey más grande de la tierra; Él descenderá para sentarse en el trono del hijo de Isaí y dará sanidad a las naciones, su reino no tendrá fin y su imperio desde los confines y hasta los términos de toda la tierra! *(Con gran emoción)*.

Entra en la escena Ben que ya estaba en el escenario escondido, escuchando la conversación de sus padres.

Judá: Ven acá Ben, hijo mío, ¿has estado escuchando la conversación con tu madre?

Ben: Si padre, háblame más del Mesías, ¿nacerá en Jerusalén?

Judá: No, hijo, Jerusalén es la más hermosa de las ciudades y la capital de nuestro pueblo, pero no será allí donde nazca nuestro Rey, Él nacerá en Belén de Judea, el profeta Miqueas lo ha profetizado, y así será.

Ben: Parece tan lejos de nosotros, ¿podríamos verle?

Judá: No creo, hijo mío, Él será tan grande y tan glorioso que será difícil verle de cerca, más Jehová es amoroso y da a los que se deleitan en Él las peticiones de su corazón. Créelo, hijo mío, cree, espera en Él y Él hará lo que deseas.

Después de que Judá termina su frase, se escucha el sonido de una multitud y jinetes sobre un buen número de caballos.

Ana: *(con asombro)* ¿Qué es ese ruido tan estruendoso, Judá?

Inmediatamente después de que habla Ana, Judá se asoma por la ventana para ver qué sería aquello.

Judá: ¡Al parecer es un cortejo de soldados romanos que embarcaran algunos presos!

Ben: Los romanos son nuestros enemigos y yo combatiré contra ellos, padre, yo rescataré a esos pobres esclavos...

Ben intenta irse para hacer lo que acaba de decir y su padre lo detiene mientras dice:

Judá: ¡Oh, vamos, Ben! ¡Estás loco, hijo! Eres muy pequeño, ¡no sabes lo que dices! *(entre risa y asombro, más con ternura).*

Ben: ¡Pero padre, ya tengo 12 años!

Judá: Aguarda hijo, nuestro Mesías esperado, Él nos librará del poderío de Roma. Nuestra esperanza es que llegue pronto y entonces tú podrías formar parte de sus ejércitos.

Ben: Sí, Padre, estoy dispuesto a ser uno de sus soldados. Y no sólo un soldado sino uno de sus generales. Yo seré quién que ponga mi espada sobre el cuello de los ejércitos de esos gentiles despreciables.

Judá: Hijo, estoy orgulloso de ti. Nuestro pueblo siempre ha sido valiente y esforzado y la mano de nuestro Dios estará con nosotros si somos fieles a sus mandamientos. ¡Sí, lo creo! Si el Mesías te llamara para formar parte de sus ejércitos yo estaría dispuesto a entregarte a la guerra, aunque en lo profundo de mi corazón, al igual que tu madre, estaríamos preocupados por tu bienestar.

Ana: *(mientras le abraza tiernamente)* ¡Ben, Hijo mío!

Entra de súbito en la sala, trayendo la una noticia importante para su familia.

Meribá: Padre, Padre mío he visto entre los esclavos a mi tío Zuriel. *(Dice esto con asombro y cansancio como después de correr presurosamente).*

Judá: *(con asombro y preocupación)* ¿Cómo?

Meribá: Si, Padre, aún cansada y asustada estuve observando diligentemente a cada uno de los que llevaban con cadenas. Y entre ellos… ¡oh, apenas si pude distinguirle! vestía andrajoso y casi desfigurado, sus cabellos sucios y largos, su barba crecida y deformada. Descalzo; su rostro describía una sed y hambre profundas. Caminando milagrosamente se arrastraba al grito y latigueo inmisericorde del centurión. *(Lo dice con lamento y casi llorando, acentúa las últimas palabras).*

Judá: ¡Mi hermano! ¡Zuriel, no! *(con vehemencia y desesperación).* ¡Esos perros no tienen derecho! ¡Habiendo tantos delincuentes en Judea, tenía que apresar a mi hermano justo! ¿Hasta cuándo Jehová? *(Con las manos hacia el cielo y arrodillado),* ¿Hasta cuándo? ¿Hasta cuándo encontraremos tu merced? ¿Hasta cuándo tu pueblo verá la niña de tus ojos en compasión? ¿Hasta cuándo te acordarás de tus dichos de liberación sobre tu nación Israel; la que elegiste de entre todos los pueblos de la tierra; la que con amor eterno has amado? *(Con fuerza y enfado).*

Meribá*: (con emoción)* Cuando le vi me acerqué para darle de beber agua y después de que la hubo bebido, me dijo algo que casi hizo mis ojos desorbitarse.

Judá: *(aún postrado, suplicando)* ¿Qué?

Meribá: Tenía que redimir el tiempo debido a la insistencia del verdugo…

Judá: ¡Mi Pobre hermano Zuriel! ¡Son unos cobardes usurpadores de nuestra tierra! *(Golpea con el puño la mesa, visiblemente iracundo).*

Meribá: Dijo que tenía profecía para Ben. Apenas si pudo decirme algo debido a que el azote del verdugo casi le desmaya.

Judá: ¡Pero dinos, hija! ¿Qué te dijo? ¿Qué profecía?

Meribá: Dijo: "Ben será grande entre los ejércitos del Mesías...". Estaba dispuesto a continuar hablando, más el verdugo bruscamente me retiró de sus manos. Fue entonces cuando dio la orden de avanzar con prontitud y el cortejo se alejó para, por fin, desaparecer de nuestra vista.

Ana: *(con solicitud)* Por favor, Judá, tranquilízate. Te traje un té. Deja ese asunto, que Jehová es justo y dará a nuestros enemigos la paga de su maldad. Ya lo ha dicho, mía es la venganza, yo pagaré dice el Señor.

Judá: Tienes razón Ana. *(Ya más desasosegado).*

Ben: ¡Padre, ahora más que nunca quiero luchar para la liberación de mi pueblo!

Judá: Deja ahora, hijo, Dios lo dirá.

Escena II - El Juramento

<u>Escenario:</u> *la escena se desarrolla en el interior de un típico hogar judío. Judá está postrado en una cama. Es su lecho de muerte.*

Judá: Bendito sea Jehová por ti Ben, que te he procreado en mi vejez. Has sido la luz de mi vida y entre tus hermanos, muy amado. Quiero decirte algo antes de que la muerte me sorprenda. Siento que ya no me queda mucho tiempo.
    Sabes, Ben, que nosotros somos fabricantes de tiendas. Nuestro oficio es modesto, más tenemos lo suficiente para vivir. Sé que tú eres un joven listo y continuarás la tradición de la familia.

Ben: Yo cumpliré tu deseo, seré lo que tú quieras, padre. Más quiero que sepas que Dios ha puesto en mí un intenso deseo por buscar al Mesías.

Judá: ¡Pero el Mesías aún no viene! *(lo dice con fuerza, alzando un poco la voz, con un poco de enfado).*

Ben: No. No le hemos visto. Pero la luz de su paz viene viajando ya por los cielos y nuestros ojos han de ver al ungido de Jehová.

Judá: Hijo, durante toda mi vida tuve la esperanza de verle. Y aún hasta en mi último suspiro continuaré acariciando su venida. Dentro de poco, todo lo que ahora está para mi encubierto se mostrará y mis ojos verán, cara a cara en su esplendor, al ungido de Dios que libertará a nuestro amado pueblo Israel, aunque esto sea en la resurrección...

Israel, el estrado de sus pies. Y Él, la gloria de nuestra nación. El Santo de los Santos. El Padre de todo Israelita. Porque si Abraham se negara a declararse nuestro padre, si Efraín nos diere la espalda: *(alzando sus manos al cielo)*, Tú, oh Jehová, eres nuestro Padre; Tú oh Elohim eres nuestro Padre desde ahora y para siempre.

Ben: Padre... aún tienes que vivir....

Judá: Sé que tus ojos, los tuyos y no los míos han de ver al Rey soberano de Israel. Nuestro padre Abraham esperó más de 25 años para ver la promesa cumplida. Oh, mi hijo, no sé cuánto tendremos que esperar pero yo estoy a punto de partir; sé que tú serás testigo de su gran poder dentro de poco. Pronto crecerás y serás participante de las victorias del Rey de Israel. Porque será más grande que David.

Ben: ¡Padre, por favor, tu vivirás! Sé que Dios te levantará de esta cama. Pronto jugaremos juntos como antes. Padre, ¿Qué sucede contigo? Eres un hombre de fe. Tú me has enseñado a creer a Dios y que Jehová es nuestro sanador.

Judá: Lo sé hijo, más Jehová me está llamado a su presencia.

Ben: No. *(Empieza a llorar)* No; no...

Judá: Ben, hijo. Quiero decirte algo más antes de partir.

Ben: Dime padre.

Judá: Ben, quiero que cuando seas guerrero del Mesías vengues a tu tío. Y castigues a los que fueron los delatores de Zuriel.

Silencio.

Judá: Ben, estás allí. Respóndeme.

Ben: Lo juro, por Jehová Dios de nuestros padres. Lo juro.

Judá: Bien, hijo, ahora estoy listo.

Ben: Padre, no te vayas. Aún soy un muchacho. Soy un niño.

Judá: Sí, un niño. Cuando te concibió tu madre, eras un bebé hermoso. Pero cuando fuiste más grande aprendiste a ser hombre. Eres un muchacho, pero estás listo para ser hombre. Yo te he preparado para la vida y no me defraudarás.

De pronto entran dos soldados romanos armados que forcejean al muchacho.

Soldado 1: ¡Te hemos encontrado Judá, no escaparás! ¡Sabemos de tus vínculos con Zuriel! Afortunadamente ya lo hemos capturado y servirá de esclavo de trabajos forzados en Roma.

Judá: *(desde la cama, pero con voz fuerte, de enfado, aunque se duele de vez en cuando a causa de su agonía)* ¡Qué es esto! Yo no conozco nada de las operaciones de Zuriel. Yo no acostumbro a revelarme contra el Cesar, aún y con toda la opresión que nos ha rodeado.

Soldado 2: ¡No mientras! *(y le abofetea).*

Ben: ¡No le hagan daño, es sólo un anciano moribundo!

Soldado 1: ¿Quién es este niño? *(Le avientan de inmediato de un golpe).* ¡Cállate!

Judá: Todo esto debe ser un error. No sé quién les dijo esto de mí. Yo no tengo parte alguna en este asunto, soy inocente.

Saldado 1: ¡Vamos, levántate! Traemos órdenes de traerte vivo o muerto!

Judá: No puedo levantarme. ¡Qué no se dan cuenta que estoy muriéndome! ¡Déjeme morir en paz!

Soldado 2: Si no te levantas te mataremos ahora mismo.

Judá: ¡Jehová en tus manos encomiendo mi espíritu!

Soldado 1: Julio, no vamos a matar a este anciano en este estado, ¿o sí?

Soldado 2: Traemos órdenes expresas de traerlo. Pero sabemos lo que tenemos que hacer si se opusiere.

Soldado 1: Sí, lo sé. Si se opone debe de ser muerto. ¡Pero míralo! *(Extiende la mano apuntando a Judá).* El pobrecillo no puede hacer nada. En realidad está moribundo. Velo, ¡es verdad! Por Zeus, Julio, vámonos de aquí.

Se escucha el griterío de gente en las calles, como un tumulto y entra el centurión.

Centurión: *(con enfado)* ¿Qué están haciendo ustedes ahí parados?

Soldado 1: Estamos cumpliendo tu misión, centurión.

Centurión: Bueno, pues ya ¿qué esperan? Maten a ese y vengan a ayudarme a someter a unos revoltosos, ¡pero ya, rápido!

El soldado 2 saca un puñal y rápidamente lo introduce en el estómago de Judá. Después se retiran presurosamente.

Centurión: Vamos, rápido, muévanse. Por Zeus, ¿este es el mejor ejército del mundo?

Se van y dejan al niño con el padre solo.

Ben: Padre, ¡háblame! ¡padre, no te vayas!

Judá: *(con una voz de moribundo y dolorida)* ¡Ben! Acuérdate de tu juramento. *(Pequeño silencio).* Acércate, hijo, mío. Déjame bendecirte.

    Carro de Israel, su gente de a caballo. Cetro de Jehová, cetro de autoridad sobre tu cabeza. Siervo del Señor justiciero seas llamado. El Altísimo te nombre principal entre los soldados del Mesías prometido. La paz de Jehová, su libertad, su gozo, sus niños felices, tus ojos lo vean; Ben. Las entrañas de las jóvenes den a luz de sus maridos judíos legítimos. Los hijos de Israel se alegren de ti, mi hijo. La diestra del Mesías representes. El señorío del Ungido lleves por las calles. Tus pies lleven el polvo de su liberación, el polvo que no es sino la sal que sazone el alma de nuestro amado Pueblo. Oh, Israel, Oh, Israel, Jehová ama a Israel. Elohim lo ha dicho así... Ben, ama a Israel, tus hermanos.... Tus hermanos.... Tus hermanos... Aaaaaaaaaaaaaaaaaaa. *(Expira)*.

Ben: ¡Esos miserables, esos miserables! ¿Quiénes son ellos para tener en poco el nombre de nuestro Dios? *(gritando)*. Te vengaré, padre, te vengaré. Lo juro por Jehová. Lo juro por el Dios de nuestros padres *(con los puños en alto)*.

Escena III – Un Hombre Principal en el Ejército de Teduas

[Hechos 5:34-36 "... porque antes de estos días se levantó Teduas, diciendo que era alguien. A éste se unió un grupo como de 400 hombres; pero él fue muerto, y todos los que le obedecían fueron dispersados...".]

<u>Escenario:</u> *la escena se desarrolla en una sala de reunión judía. En ella deberá estar un grupo lo suficiente numeroso de personas.*

Ben ha crecido, es ahora un hombre joven como de 30 años.

Teudas: El Señor está sobre mí para liberar a la nación de Israel. Yo he venido para desbaratar y hacer pedazos la opresión del pueblo romano. Se levantarán los reinos contra Israel y contra su ungido pero no vencerán dicen las Escrituras Sagradas; más yo soy el ungido de Jehová y no seremos vencidos, varones Israelitas. Yo soy el Mesías que estaban esperado; yo derrotaré a los ejércitos enemigos, porque Jehová está conmigo. *(Lo dice con firmeza y arrogancia)*.

Vitoreo. Ben entrando a la escena.

Ben: Mi señor Teudas, ya hemos reunido un grupo como de 400 soldados valientes y esforzados. Con ellos combatiremos al Cesar.

Fines: Por favor, Ben *(entre risas)*. Aún es un ejército muy pequeño. ¿Cómo lograremos vencer con un ejército tan insignificante? Recuerda que el ejército romano reúne miles y miles de soldados dispersos por todo el imperio. En cualquier momento vendrán y nos aplastarán.

Ben: Yo soy el General del ejército de nuestro Mesías. Sé que la sabiduría de Jehová está sobre Él y no es necesario un ejército muy numeroso para vencer a nuestros enemigos. El espíritu de Jehová está sobre Él y creo firmemente que la sabiduría del Altísimo nos librará de las manos hambrientas de sangre de nuestros adversarios.

Teudas: Ben, eres un buen siervo. Cuando derrotemos a nuestros enemigos y seamos un país libre, yo te pondré como el segundo después de mí. Un ejército de 400 hombres es suficiente para vencer a un ejército de miles. ¿Recuerdas la historia sagrada? El caso de Gedeón.

Vitoreo.

Ben: *(con entusiasmo)* ¡Sí, sólo bastaron 300 hombres para derrotar al numeroso ejército de los madianitas. ¡Nuestro Dios es grande! Fines, no seas incrédulo. Nuestro Mesías Teudas tiene razón.

Fines: ¡Perdonad, mi Señor! Yo he creído que tú eres el Mesías que había de venir a traer libertad a Israel. Mi Señor Teudas, ordenad y yo obedeceré.

Teudas: Por cuanto has dudado que yo pueda contra el ejército de Roma, desde ahora estarás al mando de Ben. *(dirigiéndose a Ben)* Hijo mío, tú eres en quien yo ahora deposito toda mi confianza. Tú eres mi mano derecha, y no haré nada sin que tú lo sepas. Desde ahora eres más que un general de mis ejércitos, eres mi confidente y amigo. Y en cuanto a ti Fines, espero que realmente hayas recapacitado en tu tonta actitud. ¿Estás dispuesto a seguir entre nosotros a las órdenes de Ben? *(Teduas habla con autoridad y arrogancia, cuando se dirige a alguien lo apunta con el dedo índice).*

Fines: Sí, mi Señor. Sé que tú tienes la autoridad para plantar y para destruir; para quitar y para poner a tu placer. Me someto desde ahora a las órdenes de Ben. *(Esto lo dice postrándose ante Teduas).*

Teduas: Pues bien, tenemos que preparar la estrategia.

Ben: ¿Ya has consultado a Jehová, oh, nuestro Mesías?

Teduas: Sí, Él me ha dicho que ataquemos primero a Capernaúm.

Ben: Pues bien, preparemos el plan para una redada en contra de los ejércitos enemigos. ¡Vaya que Capernaúm es una ciudad estratégica!

Entra de pronto una mujer.

Mujer: Señor Teduas; sé que tú te has levantado por el Señor para ser nuestro libertador.

Teduas: ¿Quién es esta mujer? Cómo es que sabe de nosotros.

Mujer: ¿Qué acaso no me reconoces? Yo fui quien te libró de la muerte aquella ocasión en que los romanos te perseguían en Tiro. Recuerdas que te hospedaste en casa y yo te alimenté con lo mejor que tenía. Pues heme aquí; señor, quiero unirme a tu causa. Me he enterado de algunos secretos del gobierno de Judea que quizá te interesen. *(Cuando llega hace reverencia).*

Dicen todos: ¿Qué secretos?

Mujer: El emperador pasará por Capernaúm mañana a la hora sexta.

Ben: ¡Dios mío! ¡Jehová está con nosotros! Mujer, Jehová te ha enviado.

Fines: Ahora veo que Dios está con nosotros realmente y derrotaremos a nuestros enemigos. Con la captura del Emperador, el reino tendrá que entregársenos e Israel por fin será libre de nuestros enemigos.

Teduas: ¿Dices mujer, que el Emperador pasará por Capernaúm? ¿Cómo es que lo sabes?

Mujer: Escuché hablar a un grupo de soldados cuando se comunicaban el secreto debido a que me disfracé de mensajero y pude introducirme al palacio de Herodes.

Teduas: Vaya que eres una mujer valiente. Y ¿cuál es tu nombre?

Mujer: Me llamo Mical.

Teduas: Bendita seas de Jehová, Mical. El Señor será sobre ti y la paz del Altísimo te cubrirá. Yo te pondré en un lugar especial cuando Jehová entregue en mi mano a nuestros enemigos.

Todos: ¡Viva el Rey Teduas! ¡Viva el Rey Teduas! ¡Viva en Rey Teduas!

Además de los que están allí pueden intervenir más hombres y mujeres para gritar. De pronto aparece una profetiza que habla a Teduas con autoridad.

Profetiza: ¡Escuchad! Teduas, he visto tu celo por la nación de Israel, la cual también yo he amado. Pero escucha la voz de Jehová tu Dios. La lucha que libraré no será con fuerza ni con poder humano. El reino que estableceré no es de este mundo, por lo que su lucha es en vano. Tengo contra ti que te has autoproclamado el Mesías prometido, pero quiero que sepa todo Israel que yo no te envié. ¿Eres tú nacido de una virgen? ¿Acaso naciste en Belén Efrata? ¿Eres tú descendiente de David, mi siervo? Por tanto así dice el Señor: Váyase cada uno a su lugar que el Mesías aún no ha venido.

Todos: *(asombrados con murmullo diciendo expresiones*

discordes como:) ¿Qué es esto? ¿Quién es? ¿Qué dices a esto, Teduas? ¿Realmente eres tú el Cristo?....

Teduas: *(alzando su voz)* ¡Esto es una mentira! Yo soy el Cristo. ¡Cállate! *(dirigiéndose a la profetiza).* Esta mujer es una farsante y traidora de nuestro pueblo.

Profetiza: Sabes, oh Teduas, que no soy ninguna farsante y que hablo por Jehová que me ha mandado a decirte lo que ahora escuchas. Si quieres salvar tu vida, despide a tu gente que Dios no está en esto. *(Lo dice con mucha autoridad).*

Mientras tanto la gente permanece expectante curiosa de cuál será el desenlace final de esto. Hay un silencio breve en que Teduas se queda por un lapso pequeño en duda.

Teduas: Vamos, ¿qué están esperando? ¡Llévense esta mujer de aquí, no quiero verle jamás en la vida! *(Con voz de autoridad).*

Se movilizan todos para sacarla del lugar, excepto Ben.

Profetiza: *(mientras la sacan)* Es cierto que no me verás más porque dentro de una semana te matarán.

Teduas: ¡Cállate! ¡Yo soy el Mesías! ¡Yo soy el Mesías! ¡Yo soy el Mesíaaaaaaas! *(gritando y golpeándose el pecho).*

Después de que sale la gente llevándose a la profetiza.

Teduas: ¿Ben, que ideas tienes para atacar? ¿Estás listo para escuchar mi plan de ataque en Capernaúm?

Ben: Teduas, las palabras de esa mujer me han hecho recordar las palabras que me enseñó mi padre cuando aún era un muchacho y creo que.... No. No puedo *(moviendo la cabeza).* No puedo, Teduas....

Teduas: Por Jehová, Ben ¿qué estás diciendo? ¿Qué quieres decir con "no puedo"? *(con enfado).*

Ben: Me voy, Teduas. No podré hacerlo... No podré, no, las palabras de mi padre... *(Empieza a salir del escenario)* la profetiza. Es palabra de Dios...

En el camino se encuentra con Fines.

Fines: *(tomando los hombros de Ben)* ¿A dónde vas?

Ben: *(con firmeza)* ¡Déjame!

Fines: ¿Qué es lo que le pasa a Ben? ¿Acaso haz creído a esa loca?

Teduas: Siéntate, planeemos lo de Capernaúm.

Escena IV – La Búsqueda del Mesías Continúa

[Hechos 5:37 "Después de éste, se levantó Judas el galileo, en los días del censo y llevó en pos de sí a mucho pueblo. Pereció también él, y todos los que le obedecieron fueron dispersados".]

<u>Escenario:</u> *la escena se desarrolla en un sitio abierto y un estrado o plataforma en donde ahorcarán a Judas el galileo.*

Entra un tumulto de gente gritando y diciendo frases como: ¡qué muera, es un traidor! ¡Mátenlo, no merece vivir! ¡Qué viva el Cesar! ¡Qué viva el Cesar! Entre el tumulto viven dos o tres soldados con Judas el galileo atado, empujándolo y diciendo frases como: ¡Vamos, rápido, muévete! ¡Tendrás lo que mereces!

Lo colocan encima de un banquillo para ahorcarlo, ya está todo listo y habla uno de los soldados leyendo un pergamino. Durante la escena los verdugos hacen los preparativos para ahorcarlo.

Soldado 1: *(leyendo)* "Pueblo de Judea, salud:
   Por orden de Cesar Augusto el rebelde e insurrecto Judas el galileo es condenado a muerte por la votación en unanimidad del Senado. Esto como testimonio público de lo que suce-

derá con todo aquel que se levantarse contra el divino emperador romano, nuestro Augusto. Paz a todas las provincias".

Se para encima de la tarima otro soldado con otro pergamino y lee:

Soldado 2: "Pueblo de Judea:

Es del saber de todos que el divino emperador Augusto Cesar ha ordenado que todo súbdito bajo su imperio acuda al lugar de su nacimiento para ser empadronado. Solamente se recuerda que quien no esté cumpliendo con la orden del emperador tendrá que atenerse a las consecuencias de su desobediencia.

Paz a todas las provincias del Imperio."

Judas el galileo: *(ya arriba del templete)* Muero por el pueblo de Israel.

Se escuchan el griterío de la gente, sobresaliendo las frases, ¡que muera el traidor al Cesar, sí, que muera! Ben está entre la multitud, pero se separa para conversar con una mujer.

Mujer 2: Ben, ¿cómo fue que te escapaste? Tú también estabas con el grupo de los seguidores de Judas el galileo, ¿no es así?

Ben: Calla, mujer, no ves que pueden escucharte. Sí, yo era uno de sus generales más prominentes. Después de que fue muerto Teduas, Judas el galileo se convirtió en nuestro caudillo. Logramos reunir una cantidad indeterminada del pueblo y estábamos listos para atacar. Pero si no fuera por esos sucios traidores que dieron aviso a Herodes. Ese Herodes es un inepto. Tiene un carácter pusilánime y cobarde, de buena gana le arrancaría su fea cabeza de un sólo golpe. *(Con coraje).*

Pero cuando le dieron aviso yo fui quien lo supe primero, y aunque le recomendé a Judas, que escapara no quiso rendirse. A decir verdad yo tampoco deseaba que él huyera.

Mujer 2: ¿Por qué? Ben, bien sabes que cualquier motín es aplastado por el poderoso ejército de Roma. ¿Creerías que escaparía Judas aún y ya estando en la mira de la milicia romana?

Judas el galileo: *(al multitud en voz alta)* ¡Soy unos miserables traidores, todos ustedes, junto con los perros romanos!

Se sigue escuchando el murmullo de la multitud y así durante toda la escena, con altas y bajas en cuanto a las exclamaciones de la gente.

Ben: Mujer, escúchame bien, yo aún tenía la esperanza de que Judas fuera el Mesías. Lo he estado buscando por mucho tiempo. ¡Esos malditos mataron a mi Padre en el lecho de muerte! ¡Esos incircuncisos entraron a nuestra casa y no dejaron morir en paz a mi anciano padre! ¡Eso me ha llenado de rencor y de rabia! ¡Odio a esos sucios romanos, mujer! ¡Los odio y no descansaré hasta tener su cabeza bajo mis pies! ¡Aún seguiré buscando al Mesías y creo que las Escrituras no pueden ser quebrantadas! *(con coraje casi llorando y al final con vehemencia).*

Mujer 2: ¡Oh, vamos, Ben, eso es imposible! Es un sueño irrealizable. Terminarás como este pobre hombre con buenas intenciones. El Mesías no ha venido. No fue Teduas. Y por lo que veo tampoco ha sido Judas el galileo. El Mesías no ha venido aún. ¡El Mesías no existe, el Mesías no ha nacido!

Entra un pastor de ovejas lleno de gozo.

Pastor: ¡Escuchad pueblo! ¡El Mesías ha nacido! ¡El Mesías ha nacido…!

Ben: ¿Qué es esto? *(Dirigiéndose al pastor:)* Dime, buen hombre, ¿de qué estás hablando?

Pastor: *(con mucho gozo)* Id y ved, mi señor. El Mesías ha nacido en Belén de Judea. Es un bello bebé envuelto en pañales y está recostado en un pesebre.

Ben: ¿Pesebre? Pero, ¿qué estás diciendo? Nuestro Mesías no podría nacer en un lugar en donde se aloja a los animales, ¡esto es una farsa! *(con desprecio, desdén).*

Pastor: No, mi Señor, su estrella hemos visto en el oriente, y hemos recibido el anuncio de un ángel que nos dio la noticia. Nosotros fuimos los primeros en verle. Y hemos salido a anunciar el acontecimiento más maravilloso en la historia de nuestro pueblo Israel.

Mujer 2: ¿Dices que ha nacido en Belén? ¿Y en un establo? ¿Qué has visto a un ángel? ¿Qué has visto su estrella? ¿Cómo esperas que creamos esas fantasías?

Soldados tocan las trompetas.

Soldado 1: ¡Verdugos coloquen la soga!

Judas el galileo: *(con desesperación)* ¡No pueden matarme, el juicio fue injusto, soy inocente, quítenme esto! ¡Yo soy hijo de una familia muy rica, no me pueden hacer esto si mi padre pagó el soborno!

Ben: Mira, lo que les sucede a los que se proclaman Mesías. Si éste que es un estratega militar y un héroe de gran influencia en nuestro pueblo, se dijo ser el Mesías y no lo era. ¿Acaso crees que creeremos que un bebé pobre que nace entre los becerros va a salvarnos del imperio de Roma? *(Se ríe a carcajadas).*

Zacarías el Padre de Juan el Bautista entra a la escena.

Zacarías: Y no sólo salvará a su pueblo de la opresión, sino que traerá libertad espiritual a todo el pueblo atado por el imperio de Satanás.

Ben: ¡Oh, pero si es nuestro rabí Zacarías! Pero, no comprendo, ¿cómo es que crees estas cosas siendo un sacerdote tan respetado? *(Con respeto y reverencia).*

Zacarías: Oh, Ben, si tú supieras lo que ha ocurrido conmigo, hijo. Yo también fui incrédulo como tú. Pasé toda mi juventud y madurez sin un hijo. Mi esposa era estéril y yo había perdido toda esperanza. Pero en mi vejez y hace poco tiempo, estando orando a la hora del incienso, vi un ángel de Señor puesto en pie a la derecha del altar y me dijo...

En ese momento aparecen humos y entra un ángel.

Ángel: Zacarías, no temas, porque tu oración ha sido oída y tu mujer Elisabeth te dará a luz un hijo y llamarás su nombre Juan. Y tendrás gozo y alegría, y muchos se regocijarán en su nacimiento; porque será grande delante de Dios, No beberá vino ni sidra, y será lleno del Espíritu Santo aún desde el vientre de su madre. E irá delante de Él con el espíritu de Elías, para hacer volver los corazones de los padres a los hijos, y de los rebeldes a la prudencia de los justos, para preparar al Señor un pueblo bien dispuesto.

Sale el ángel.

Zacarías: …y por cuanto no creí al anuncio del ángel yo quedé mudo hasta que nació mi hijo Juan. ¡Ben, hijo, no seas incrédulo y acompáñame a ver al Rey de Israel!

Ben: ¡Pues veremos si nos libra de los romanos, hasta entonces creeré! He tenido dos experiencias con estos que se proclaman Mesías y no quiero tener otra más. ¡Oh, cómo detesto todo esto! ¡Si no fuera porque guardo aún ese rencor para con estos puercos despreciables! *(Gritando)*.

Soldado 1: ¿Quiénes son los puercos despreciables?

Ben: Voso…

En ese momento Zacarías le tapa la boca, y baja su brazo cuando Ben intenta apuntar con el dedo al soldado romano.

Zacarías: Se refiriere a todos los que se levantan contra nuestro conquistador Augusto Cesar, mi señor el rey. Perdonad que hayamos llamado su atención.

Soldado 1: Cuidado con que escuchemos alguna palabra de traición al divino Augusto, ahora mismo le pueden hacer compañía a este infeliz, ¿cómo se llama? ¡Ah, sí! El tal Judas el galileo, ja, ja, ja. *(Después de decir esto se aleja)*.

Se cierra el telón, mientras el soldado 2 dice: "¡Suban la soga, que se mueran todos los traidores al gran Cesar!"

mientras se escucha el griterío de la gente y el gemido de muerte de Judas el galileo detrás del telón.

Cuadro plástico

Es una sugerencia que entre la escena IV y V se presente un cuadro plástico con el nacimiento de Jesús.

Escena V – Ben en la Cárcel

<u>Escenario:</u> *la escena se desarrolla en el interior de la cárcel.*

Narrador: El Mesías nació en un establo, en Belén, como las profecías dijeron. Pero Ben le pareció ridículo que ese bebé pudiera ser el Mesías. Ahora han pasado más de treinta años, y por fin Ben es atrapado y puesto en la cárcel acusado de insurrección en contra del Emperador de Roma.

Ben: Antes de que me encarcelaran estuve escuchando a ese hombre que vi nacer en un establo en Belén. En aquel entonces nunca me hicieron que creyera que un bebé que naciera entre los arrabales fuera a ser el Rey que estamos esperando. Y ahora que ha crecido y que se ha convertido en un hombre pienso que es imposible que pueda ser el caudillo que Israel necesita para su liberación.

Meribá: Y ¿qué dice de Él mismo?

Ben: Le escuché decir que Él era el Mesías. Pero lo que yo creo es que es uno de esos farsantes a lado de los cuales he luchado infructuosamente. Hace años me deshice de la idea de que la profecía dada sobre mí algún día se cumplirá. "Tú serás grande entre los ejércitos del Mesías". ¿Dónde está? ¿Dónde está el líder militar al que tengo que obedecer? ¿Dónde? Desde hace años que dejé de creer en la Palabra de Dios. ¡Todo esto es una mentira completa! ¡Mírame, Priscila, ahora estoy en la cárcel, fracasado! Condenado a muerte.

¡Ojalá hubiera muerto con Teduas o Judas el Galileo! ¡Ojalá hubiese sido yo y no Judas el que ahorcaron en aquel día en que ese niño nació; ¡ese niño que no ha servido para nada! ¡Ese niño que no ha remediado nada!

Mi vida es una frustración. He invertido mi tiempo en algo inútil!

Meribá: Por favor, Ben, no te desesperes, no morirías. Ya verás que el gobierno de Roma tendrá misericordia.

Ben: ¡No quiero la misericordia de Roma! Prefiero morir que la misericordia de mis enemigos.

Meribá: Pero, ¿qué tal si ese Jesús al que escuchaste en realidad es lo que dice ser y te liberara de la muerte?

Ben: ¡Es imposible, sólo habla de amor! *(Con energía)*. En una ocasión, cuando aún estaba libre le escuché decir: "Amad a vuestros enemigos, bendecid a los que os maldicen. Haced bien a los que os aborrecen y orad por los que os ultrajan y persiguen. Si alguien te diere en la mejilla pon también la otra". ¿Crees tú que este hombre pudiere ser el Mesías que trae liberación? ¡Es ridículo! Para mí que no es otra cosa que un soñador que terminará en nada.

Meribá: Pero ¿si el poder del amor fuere más fuerte que el de las armas?

Ben: ¡No digas tonterías!

Meribá: Lo dice la Escritura Antigua: "Fuerte como la muerte es el amor". No será que Dios en su infinita sabiduría quiera convencernos de que nuestra propia violencia no puede arrebatar el reino, sino únicamente su poderoso brazo.

Ben: Mira Meribá, estoy en la cárcel porque soy uno que se ha levantado contra la autoridad, no creo en tonterías de amor. El amor no existe en nadie. Me gustaría que ese Jesús que dice cosas tan radicales realmente cumpliera lo que dice. ¡Me gustaría ver si el poder del amor puede darme la libertad de esta húmeda cárcel! *(Con mucha firmeza)*.

Llega un soldado y le habla ásperamente.

Soldado 2: Eres un perro con suerte, te salvaste con Teduas, te salvaste con Judas el galileo y ahora... es realmente increíble...Sal de aquí... miserable...

Ben: Pero, ¿qué es lo que sucede?

Soldado 2: ¿Estabas condenado a muerte? Pues ya no lo estás *(ásperamente)*.

Ben: Pero dime, que ha ocurrido... ¿por qué me han perdonado la vida? Yo soy Barrabás, así es como los judíos me han llamado últimamente. Estoy condenado a muerte por ladrón y sedicioso... yo merezco morir. ¿Se han vuelto locos?

Soldado 2: ¿Perdonarte la vida? ¿Perdonarle la vida a alguien tan despreciable como tú? ¡De que estás hablando! Si la razón por la que estás libre es porque alguien ha tomado tu lugar. *(Ásperamente)*.

Ben y Meribá: ¿Cómo?

Ben: ¿Alguien ha tomado mi lugar? Eso es imposible ¿quién podría hacer semejante cosa?

Soldado 2: Ese loco de Jesús, que predica del amor de Dios y que dice de sí mismo que es el Salvador del mundo. ¡Ja, ja, ja!

Ben: ¿Cómo es posible?

Meribá abraza frenéticamente a su hermano.

Meribá: *(después del abrazo)* ¡Hermano mío!

Ben: Pero ¿qué es lo que pasa? Yo merezco morir. No creo que ese hombre haya hecho algo por lo que merezca esto. Yo si merezco la muerte. He sido un traidor del imperio. Un ladrón y sedicioso como yo no merece sino la muerte. ¡Debo muchas, estoy condenado!

Soldado 2: Mira, yo sólo obedezco órdenes. Si te quieres quedar aquí allá tú. Si crees que estás condenado, pues créelo.

Lo cierto es que no lo estás. Si por mí fuera, yo te matara ahora mismo, pero no puedo hacerlo porque me han ordenado dejarte libre y eso es lo que estoy haciendo ahora, así es que largo. Fuera de aquí, que hubo alguien que morirá en tu lugar.

El soldado abre la puerta de la cárcel y se va.

Ben: *(con ternura)* Pero no lo puedo creer. El poder del amor me ha libertado de estas cadenas. El amor de un hombre loco.

Meribá: No es un hombre loco. Es el ungido del Señor. Es el Cristo que ha traído libertad al pueblo de Israel. Ben, Jesús ha hecho todo esto. Mírate ahora a ti; Él ha abierto tu cárcel. Mira tus manos llenas de sangre y de culpa, ¡libres! Toda la profecía se ha cumplido en Jesús y desde ahora yo he creído en Él. Tú también cree, Ben. Jesús morirá en tu lugar. Él es el Mesías que había de dar libertad a Israel. Ya Jesús lo ha hecho, dándote libertad a ti, ahora sólo tienes que creer.

Ben: *(se inca y llora)* Qui-e-e-e-ro creer, Meribá, quiero creer. Pero…

Meribá: Yo sí creo, Ben. *(Se hinca)*. Creo que Jesús es el Mesías. El Hijo del Dios viviente. Su amor me ha tocado. El amor no es tan sólo tan fuerte como la muerte, si aún más fuerte que ella. Su amor es la prueba de que Él es el verdadero Pastor que apacentará a su pueblo Israel *(Llora)*.

Ben: *(llorando ya)* Pero cómo es que apacentará a su pueblo Israel un condenado a muerte.

Meribá: En una ocasión le escuché decir que su reino no era de este mundo. Olvídate de ser libre de los romanos. Jesús quiere que tu corazón sea libre. Libre de todo ese odio que guardas en tu corazón. Libre de los pecados que ensucian tu alma. Libre de la potestad de las tinieblas. Libre de la esclavitud espiritual.

Ben: ¡Creo! Creo que Jesús es el Mesías, el Hijo del Dios que ha venido a dar libertad a Israel. *(Con lágrimas en sus ojos e hincado termina la escena)*.

Escena VI – Final Encuentro con Cristo

Escenario: la escena se desarrolla al campo abierto.

Ben: Todo esto me tiene muy confundido, Cleofas. ¿Qué es lo que pasa? Si Jesús no fue el Mesías, entonces ¿Quién es? ¿Quién lo será?

Cleofas: No lo sé, Ben, yo en realidad estaba seguro de que Él sería el libertador que estábamos esperando. Me convertí en uno de sus discípulos. Estaba esperado sus órdenes de ataque. Pero nunca sucedió.

Ben: A decir verdad, yo siempre fui escéptico a que en realidad fuera el Mesías. La Primera ocasión que le escuché mi corazón latió. Realmente creí que éste era el líder que necesitábamos para derrotar a los romanos. *(Después de esto una pequeña pausa).*
   Yo fui caudillo de Teduas, ¿recuerdas? *(con un poco de orgullo).*

Cleofas: ¿El insurrecto que reunió 400 soldados listos para luchar contra el imperio?

Ben: ¡Exacto! Yo fui el segundo al mando. Pero él fue encarcelado y en breve fue muerto. Nosotros tuvimos que dispersarnos por temor a la represión.

Cleofas: Tuviste suerte de que no te mataran.

Ben: Y eso no es todo. Estuve también con Judas el galileo, pero cuando éste fue descubierto pude escapar sin ser reconocido y seguí burlándome de los sucios romanos aún en el momento de la ejecución de Judas. Ja, ja, ja *(Con desdén y orgullo).*

Cleofas: Vaya, pero ¿qué es lo que haces aquí conmigo? Siendo cómplice de tan graves delitos; no lo entiendo…

Ben: Cleofas, mi seudónimo, el que utilizaba para esconderme de las tropas del Cesar era Barrabás.

Cleofas: ¡Barrabás! ¡Por Dios santo! ¡Tú eres Barrabás!

Ben: Sí; pero por fin fui descubierto y me echaron en la cárcel acusado de sedición. Y los delitos que tenía en mi haber salieron a la luz y fui condenado a muerte. Tenía perdida toda esperanza de encontrar al Mesías. Realmente estaba resignado a morir.

Cleofas: Pero, cuéntame, ¿qué sucedió después?

Ben: ¡Es increíble que no lo sepas, todo Israel lo sabe!

Cleofas: ¿Me lo dirás?

Ben: ¡Antes de la fiesta de la pascua fui llamado para salir de la Cárcel! *(con entusiasmo).* ¡No lo podía creer! Unos segundos después me enteré del origen de la tan inesperada decisión. *(Baja un poco la voz, habla con respeto).* Ese Jesús, del cual había dudado tanto que fuera el Mesías, se había convertido en mi libertador. Se había ofrecido para morir en mi lugar. Fue entonces cuando su amor llegó a mi corazón y creí; creí, Cleofas. Creí que ese hombre era tan extraordinario, que podía escapase de la muerte y no sólo sería yo quien fuera libre sino todo Israel de la opresión de Roma… Desde entonces verdaderamente creí en Él como el verdadero Mesías que nos desataría de la subyugación. Jesús… *(alza las manos al cielo)* te debo la vida. Si tú estuvieras aquí yo sería tu caudillo *(en alta voz).*

Cleofas: ¡Ben, lo que me cuentas es extraordinario! Pero ¿qué tal si en realidad no está muerto? ¿Qué sucedería si en realidad fuera cierto lo que hemos oído acerca de su resurrección? *(Las últimas preguntas no las dice con mucha emoción, sino más bien con duda).*

Ben: *(tristemente)* Cleofas, no lo sabemos. Lo único que está comprobado por ahora es que está muerto.

Entra Jesús y se une a la conversación.

Jesús: ¿Qué pláticas son estas que tenéis entre vosotros y porqué estáis tristes?

Cleofas: ¿Eres tú el único forastero en Jerusalén que no has sabido las cosas que en ella han acontecido en estos días?

Jesús: ¿Qué cosas?

Ben: De Jesús Nazareno, que fue varón profeta, poderoso en obra y palabra delante de Dios y de todo el pueblo. Y cómo le entregaron los principales sacerdotes y nuestros gobernantes a sentencia de muerte, y le crucificaron. Pero nosotros esperábamos que él fuera el que había de redimir a Israel; y ahora, además de todo esto, hoy ya es el tercer día que esto ha acontecido.

Aunque también nos han asombrado unas mujeres de entre nosotros, las que antes fueron al sepulcro; y cómo no hallaron el cuerpo, vinieron diciendo que también habían visto visión de ángeles, quienes dijeron que él vive. Y fueron algunos de los nuestros al sepulcro, y hallaron así como las mujeres habían dicho, pero a él no le vieron.

Jesús: ¡Oh, insensatos y tardos de corazón para creer todo lo que los profetas han dicho! ¿No era necesario que el Cristo padeciera estas cosas, y que entrara en su gloria? Desde el principio, el Señor dijo: "...y pondré enemistad entre ti y la mujer, entre su simiente y la tuya, ella te herirá en la cabeza y tú en el talón". Ciertamente Moisés habla de la muerte del Mesías; Pero ¿cómo moriría el Mesías? Moisés lo responde otra vez: Tenía que ser muerto en un madero, ¿acaso no lo dice el texto sagrado "Maldito aquel que es muerto en un madero"? Y ¿qué dice Isaías? "Como cordero fue llevado al matadero, enmudeció y no abrió su boca y Jehová cargó en él el pecado de todos nosotros". El Bendito y Santo Mesías nacido en Belén y de una virgen, más despreciado y afligido en su vida ¿Quién creería en su anuncio? Más bien fue hecho maldición por nosotros y muerto conforme a las Escrituras; David dijo de él que ninguno de sus huesos sería quebrantado y fue sepultado en tumba limpia y nueva, porque Isaías dijo por el Espíritu: "Se dispuso entre los impíos su sepultura, más con los ricos fue su muerte; aunque nunca hizo maldad ni se halló engaño en su boca".

Pero en Jonás el Señor nos da la Señal de que el Mesías se levantaría de la tumba y resucitaría al tercer día. Por lo que el Mesías, nació, vivió, murió y resucitó conforme a las Escrituras y ofrece perdón de pecados a todos lo que se allegan a Él arrepentidos al trono de su gracia.

Ben: ¡Después de escucharte, mi Señor, mis ojos han sido abiertos! Jamás había escuchado algo semejante. Siento que mi corazón está ardiendo a causa de tus palabras. ¿Quién eres tu Señor? *(Se le queda viendo fijamente a los ojos).* ¡Ahora comprendo que la misión del Mesías siempre fue salvar mi alma del pecado y de la muerte! ¡Siento que las escamas que me cegaban han sido quitadas! ¡Gloria a Dios! ¡La Palabra de Dios ha abierto mi corazón!

Señor, creo, creo, creo que Jesús es el Mesías, el Salvador del mundo y que ciertamente ha resucitado. ¡Quiero su perdón! ¡Quiero pedirle perdón por todos mis pecados!

Jesús: Ciertamente Él no está lejos de ti. *(Jesús hace como que se va).*

Cleofas: El día ha declinado mi Señor, quédate con nosotros, te lo suplicamos. Quédate con nosotros.

Narrador: Y luego que Jesús accediera a quedarse con ellos un poco más de tiempo, ellos pudieron reconocerlo al partir el pan. Ben, llamado también Barrabás, se convirtió en un gran cristiano, seguir de Cristo Jesús y colaborador en la iglesia primitiva hasta su muerte. Todo porque Jesús fue su substituto. Ahora Barrabás representa a toda la humanidad. Tú puedes reconocer a Jesús hoy como el Hombre que dio su vida en lugar de la tuya, acéptale hoy en tu corazón.

Fin de "El Caudillo"

OTROS LIBROS PUBLICADOS POR EL MISMO AUTOR

Evangelice con Dramas I

La serie "Evangelice con Dramas" llevará a todos a una experiencia inolvidable. No sólo por los preparativos y la presentación misma de la obra, sino por lo hermoso que es ver las almas entregadas al Señor. Las obras presentadas en la serie son atípicas en el sentido de que llevan al espectador a desear tener su propia experiencia con Jesucristo. Los salvos se gozan y los perdidos reciben el mensaje.

Evangelice con Dramas III

Este libro es la continuacion a dos previos, con dramas completos en tres temas principales: Navidad, Semana Santa y Misiones. La serie "Evangelice con Dramas" da la oportunidad de potencializar el talento de toda la iglesia, en tanto emociona su simple lectura particular. Los argumentos de cada historia han sido probados con gran éxito en grandes auditorios y no tienen limitaciones culturales.

Mi Mini-manual de Identidad en Cristo

Descubra las más poderosas ideas que se hayan escrito sobre lo que somos en Cristo en un libro breve y conciso. Somos salvos, sanos, santos, libres, fuertes, inteligentes, sabios, reyes, herededos, sacerdotes, administradores y vencedores. Este libro cambiará su vision acerca de lo que Dios dice de usted con ejemplos y argumentos que safisfarán su mente y espíritu.

Las Raíces del Temor

¿Por qué tememos? ¿Cuáles son las raíces psicológicas y espirituales de los temores humanos? ¿Cuáles son los temores más comunes? ¿Cuál es la solución más practica? Éstas y muchas otras preguntas son respondidas en este libro compilado en más de diez años de investigación diligente. Descubra las respuestas sobre este tema tan actual en nuestro mundo de hoy.

Llamas que Atraen

Enriquezca su imaginación y refuerce su conocimiento con el mejor español del mundo al leer una novela que le hará reir, llorar y hasta en ocaciones estar en suspenso. Deleite su intelecto con un libro totalmente sano, escrito por un autor de convicciones cristianas profundas. La novela cuenta la historia de un joven librado de la muerte, Miguel, quien, aunque tuvo un encuentro con el Todopoderoso, luego se desvió por un sendero muy oscuro. Le interesará leer sobre su peor enemigo y las historias de amor que guiaron a todos los personajes.